Piccola Bibli...

PIETRO BARTOLO
LIDIA TILOTTA

LACRIME DI SALE

*La mia storia quotidiana di medico di Lampedusa
fra dolore e speranza*

Con la collaborazione di Giacomo Bartolo

© 2016 Mondadori Libri S.p.A., Milano

I edizione Strade blu settembre 2016
I edizione Piccola Biblioteca Oscar novembre 2017

ISBN 978-88-04-68231-8

Questo volume è stato stampato
presso ELCOGRAF S.p.A.
Stabilimento - Cles (TN)
Stampato in Italia. Printed in Italy

Anno 2018 - Ristampa 1 2 3 4 5 6 7

librimondadori.it
anobii.com

Indice

- 3 Mare nostrum
- 7 Una scarpetta rossa
- 10 Non ci si può abituare
- 16 Le ferite dell'anima
- 23 La saggezza del piccolo Anuar
- 26 Il destino in un sorteggio
- 31 Una scelta definitiva
- 36 L'orgoglio del riscatto
- 44 Ritorno a Lampedusa
- 52 Ciò che capisce un sindaco e non i «grandi» della terra
- 55 «Te la sei cercata»
- 59 Omar che non si ferma mai
- 63 La crudeltà dell'uomo
- 68 Il profumo di casa
- 72 Il cimitero delle barche
- 75 La generosità delle onde
- 79 Il turista fuori stagione
- 87 Il regalo più bello
- 90 Braccia di giganti
- 98 Persone «perbene»

103 Il problema è l'uomo, non è Dio
108 «*L'erba tinta un mori mai*»
115 Favour dagli occhi grandi
124 Donne in cammino
129 3 ottobre 2013
137 Figli dello stesso mare

Lacrime di sale

Ai nostri padri,
Giacomo e Gaspare.

Alle nostre madri,
Grazia e Nuccia.

Alle madri e ai padri, ai figli
e alle figlie che cercano solo
un posto dove poter vivere e crescere.

Mare nostrum

È gelida l'acqua. Mi entra nelle ossa. Non riesco a liberare la stazza dall'acqua. Salto da un punto all'altro ma ogni tentativo è vano. Uso tutta la mia forza e la mia agilità ma la lancia resta piena. E cado.

All'improvviso. Senza nemmeno rendermene conto. Ho paura. È notte fonda e fa freddo. L'incoscienza dei miei sedici anni mi ha portato a non calcolare il rischio. Non potevo e non dovevo cadere in mare. Mi sembra di morire.

Nella barca grande dormono e chi sta al timone sembra non essersi nemmeno accorto che sulla lancia attaccata dietro non c'è più nessuno. Ho paura. Siamo a quaranta miglia da Lampedusa e, se non riesco a farmi sentire subito, mi lasceranno qui e sarà la fine. Si renderanno conto di avermi perso solo arrivati in porto. Non voglio morire così. Non a sedici anni. Sono terrorizzato.

Il panico sta per impadronirsi di me e comincio a urlare con quanto fiato ho in gola, cercando di rimanere a galla e di non farmi trascinare giù da questo mare che ci consente di sopravvivere ma che può anche decidere di abbandonarci per sempre, di diventare un mostro crudele che non ha alcuna pietà. «*Patri*» urlo con l'angoscia che mi cresce dentro. «*Patri*» urlo ancora. Lui è al timone e non mi sente. La fine si avvicina, penso, ma continuo a urlare. Poi qualcosa accade. Lui si volta e si accorge di me, delle mie braccia alzate, della mia voce rotta dal pianto, e torna indietro a prendermi.

Urla ai marinai di svegliarsi. A bordo del *Kennedy* cresce l'agitazione. Il mare è mosso e non è facile tirarmi su, ma alla fine ci riescono. Sono salvo. Ho freddo, sto male, inizio a vomitare acqua salata. Piango come un bambino disperato. Mio padre mi stringe forte, mi riscalda come può. Torniamo a casa con la barca vuota per una battuta di pesca andata male ma con una vita salvata. La mia.

Per giorni nella nostra umile casa di pescatori smetto di parlare. Io che zitto non sono mai stato. Io che fermo non sono mai stato, adesso non riesco a muovermi. E dalla mia bocca non esce nemmeno un suono. Per la prima volta nella mia vita ho capito cosa vuol dire guardare la morte in faccia. Ciò che invece non potevo sapere è che non solo quella notte sarebbe rimasta per sempre impressa nella mia mente ma che la mia esistenza sarebbe stata segnata da un mare che restituisce corpi e vite e che sarebbe toccato proprio a me salvare quelle vite e toccare per ultimo quei corpi. Che ogni volta che in banchina avrei visitato un uomo, una donna, un bambino fradicio di acqua gelida e con gli occhi pieni di paura avrei ripensato a quegli istanti.

Ogni tanto l'incubo di quella notte torna a farsi vivo ma, da oltre venticinque anni, a quell'incubo, a quel terribile ricordo se ne aggiungono altri, ancora più devastanti e purtroppo, temo, altri se ne aggiungeranno.

Prepararsi un pasto caldo prima di affrontare la lunga traversata. Questo provavano a fare Amina e le altre donne collegando con una canna per l'acqua la bombola del gas a un fornello improvvisato. Il ritorno di fiamma non ha lasciato loro scampo. Ustioni sul novanta per cento del corpo. Una scena terrificante. Ma gli scafisti in Libia non hanno avuto alcuna pietà. Le hanno caricate a forza su un gommone e in quelle condizioni loro hanno viaggiato e sono finite alla deriva in preda a dolori lancinanti, finché a salvarle non è arrivata la guardia di finanza.

I soccorritori non sapevano nemmeno come toccarle, come prenderle a bordo delle motovedette senza farle soffrire ancora di più. Eppure, da loro, non un lamento, un urlo, un pianto. Nemmeno quando in queste condizioni i militari le hanno portate in banchina.

Non potevo crederci. Davanti ai miei occhi avevo una scena terribile. Non sapevo da che parte cominciare. Era l'ennesima sfida. Perché a ogni sbarco non sai cosa ti troverai ad affrontare. Non sai quale delle tante specializzazioni che non hai preso dovrai utilizzare.

Erano in ventitré. Una, appena diciannovenne, non era riuscita a sopravvivere. La più piccola aveva solo due anni ed era completamente bruciata. Ho cercato di procurare loro il minor dolore possibile. La pelle veniva via a brandelli lasciando scoperta la carne viva. Dovevamo trasferirle subito. Palermo, Catania: dovevano essere curate in strutture adeguate. Qui a Lampedusa non potevamo fare molto per loro. Una corsa contro il tempo, con gli elicotteri che facevano la spola, avanti e indietro. Quando finalmente l'ultima è salita a bordo abbiamo sentito il nostro respiro tornare regolare. Anche stavolta, almeno in parte, ce l'avevamo fatta.

Qualche giorno dopo passeggiavo per via Roma, il corso principale di Lampedusa, pensando ancora a quanto era successo. Un'assistente sociale mi fermò e si mise a raccontarmi del solo uomo sbarcato con le ventitré donne, ora ospitato al centro di accoglienza. Me lo ricordavo, avevo visitato anche lui, stava bene e aveva con sé un bambino. Pensavo fosse suo figlio e invece lei mi disse che così non era. Il piccolo era il figlio di una delle ragazze ustionate. Erano trascorsi giorni interi e ancora si stava cercando la via burocratica per capire chi fosse la madre.

Salii in macchina e corsi al centro d'accoglienza. Ero furioso. Non c'era tempo da perdere. Il rischio era che, se la mamma fosse stata dimessa dall'ospedale in cui era ricoverata e trasferita chissà dove, non avremmo più potuto farla ricongiungere con il suo bambino. Di cui non si conosceva nemmeno il nome, così che lo avevano chiamato Giulio.

Andai dall'uomo che lo aveva in braccio il giorno dello sbarco e cercai di farmi descrivere la mamma di Giulio. Capii che era una delle donne ricoverate a Palermo. Attivammo subito i canali necessari per il ricongiungimento e poche ore dopo erano di nuovo insieme, lei ed Evan. Quello era il suo vero nome.

Una scarpetta rossa

Una scarpetta rossa sul molo Favaloro. Una scarpetta e poi tante altre disseminate come ciottoli in un percorso che non conduce da nessuna parte. Che si interrompe bruscamente come la speranza di arrivare in un mondo diverso. Sono nei miei incubi ricorrenti quelle scarpette, proprio come le catenine, le collanine e i braccialetti dei corpicini che mi è toccato esaminare, uno per uno, senza tregua. Uno per uno tirati fuori da quegli orribili sacchi verdi.

Da bambini, a Lampedusa, io e i miei amici non indossavamo le scarpe. Le piante incallite dei piedi erano le nostre suole. A piedi scalzi andavamo a scuola, salivamo sulle barche per uscire a pescare, giocavamo per strada nella nostra isola troppo lontana da qualunque terra, scoglio in mezzo a un mare immenso. Lontanissima e bellissima. Da lasciar senza fiato chi vi approda e provocare una sorta di mal d'Africa. Ti attrae come in un grande campo magnetico, ti strega e ti seduce come una Circe.

Niente scarpe, tranne che nelle occasioni ufficiali.

Di occasioni importanti, a Lampedusa, non ne capitavano poi tante. Anzi, quasi nessuna. Una, tuttavia, avrebbe cambiato il futuro della nostra isola: l'inaugurazione dell'aeroporto civile. Tanto importante che fummo tutti chiamati a indossare le odiate scarpe per accogliere il ministro del Mezzogiorno Paolo Emilio Taviani che si era impegnato per la costruzione dello scalo dopo che i lampedusani per protesta avevano disertato in massa le elezioni. Uscimmo dalle classi in fila per due, con i grembiuli inamidati, accompagnati dalle maestre. Tutto doveva essere perfetto. A metà strada, però, mi accorsi di avere perso una scarpa. Lasciai la mia fila e corsi a recuperarla inseguito dalla maestra che non mi avrebbe mai perdonato quell'affronto. Ma non potevo permettermi di tornare a casa senza una scarpa: era l'unico paio che possedevo e un altro non avremmo potuto comprarlo. In pochi minuti tornai in fila, entrambe le scarpe ai piedi, e giungemmo all'aeroporto.

Fu una cerimonia solenne, come se quella fosse stata la battaglia per la vita vinta dai lampedusani. E capii in seguito che era proprio così. Perché a Lampedusa la gente moriva anche per una semplice complicanza influenzale. Il viaggio in nave per il trasferimento sulla terraferma era lungo e durante l'inverno spesso la nave rimaneva in porto anche per settimane. Ogni tanto vedevamo ammarare un Grumman, l'idrovolante che veniva utilizzato per il soccorso. Ma si trattava solo di casi eccezionali. Quando il Grumman fu dismesso si fece ricorso ad altri aerei militari, ma servivano ore prima che potessero arrivare sull'isola e spesso era troppo tardi.

Quando, alla fine degli anni Ottanta, dopo la laurea in medicina e la specializzazione in ostetricia e ginecologia, tornai a Lampedusa, mi battei perché potessimo avere un servizio permanente di aeroambulanza. Feci avanti e indietro da Palermo fino a che la Regione ci finanziò il servizio di trasporto con 600 milioni di lire. Mi sembrò una conquista eccezionale perché finalmente si dava la possibilità ai lampedusani di poter arrivare in ospedale in tempi rapidi, facendoci così sentire meno isolati di quanto già non fossimo. All'inizio non era previsto il medico a bordo, e allora accompagnavo io, da volontario, i pazienti. L'aereo, però, non bastava perché non poteva atterrare a Linosa, e anche questa ci sembrava una discriminazione inaccettabile. Così, dopo qualche anno, fu sostituito dall'elicottero. A poco a poco, avevamo raggiunto l'obiettivo.

Mi è venuto da sorridere quando, vent'anni dopo, è toccato a me salire in elicottero per essere trasferito in ospedale. Un ictus, questo era. Rischiavo la paralisi ma mi salvarono e la scossa, l'impulso che mi ha consentito di superarlo completamente, è arrivata proprio da loro: dagli uomini, dalle donne e dai bambini che hanno cercato e cercano le nostre braccia, che invocano aiuto con grande forza e dignità. Anche se, purtroppo, mi è arrivata nel peggiore dei modi.

Non ci si può abituare

A volte penso di non farcela. Di non reggere questi ritmi, ma soprattutto di non reggere tanta sofferenza, tanto dolore. Molti miei colleghi, invece, sono convinti che ormai mi ci sia abituato, che fare le ispezioni cadaveriche per me sia diventata routine. Non è così. Non ci si abitua mai ai bambini morti, alle donne decedute dopo aver partorito durante il naufragio, i loro piccoli ancora attaccati al cordone ombelicale. Non ci si abitua all'oltraggio di tagliare un dito o un orecchio per poter estrarre il Dna e dare un nome, una identità a un corpo esanime e non permettere che rimanga un numero. Ogni volta che apri un sacco verde è come se fosse la prima. Perché in ogni corpo trovi segni che ti raccontano la tragedia di un viaggio lunghissimo.

Spesso si pensa che la difficoltà per i profughi sia solo la traversata in mare. Quella è solo l'ultima tappa. Ho ascoltato i loro racconti a lungo. La scelta di partire, di lasciare la propria terra. Poi il deserto. Il deserto è l'inferno, dicono, e non lo puoi capire se non ci sei dentro. Poca acqua, stipati sui pick-up, dove se ti siedi nel posto sbagliato sei sbalzato fuori e muori. E quando l'acqua finisce, per sopravvivere puoi bere solo la tua urina. Giungi in Libia, pensi che l'incubo sia finito, e invece ha inizio un altro calvario: la prigione, le torture, le sevizie. Solo se riesci ad affrontare tutto questo, a superare tutte le crudeltà, ti imbarchi. E se non muori in mare, finalmente arrivi, e speri che la tua vita possa ricominciare.

Ho visto di tutto qui a Lampedusa.

Una mattina in banchina mi ha colpito una donna che scendeva da una motovedetta. Veniva dal Gambia ed era bellissima. Indossava vestiti colorati e con una mano afferrava una valigia, come se stesse scendendo da un treno in una qualunque stazione. Aveva un portamento e una fierezza che non passavano inosservati. Come se si fosse scrollata di dosso tutte le sofferenze. La vidi salire sul pullman che l'avrebbe portata al centro di accoglienza e avrei voluto salirci anch'io per farmi raccontare, lungo il percorso, la sua storia, i suoi dolori e la speranza ritrovata. Ma tornai alla realtà e al mio lavoro, mentre il pullman svoltava l'angolo e scompariva.

E poi ho visto famiglie palestinesi che pensavano di aver trovato in Siria un rifugio per scappare dalla loro guerra ed erano finite nel pieno di un'altra guerra, e avevano dovuto ricominciare daccapo. Un altro viaggio, altra sofferenza.

E famiglie siriane, forse le più spaesate. Abituate nel loro paese a uno stile di vita al quale hanno dovuto rinunciare in un tempo talmente breve da risultare infinito.

Più di vent'anni fa, quando a Lampedusa iniziarono i primi sbarchi, gli isolani chiamavano i migranti «i turchi». Arrivavano in modo autonomo, attraccando con piccole barche o gommoni direttamente in spiaggia. Erano soprattutto nordafricani. Allora si trattava di un fenomeno nuovo e limitato nei numeri. Poi tutto è cambiato. All'improvviso. I numeri sono diventati altri. Le storie sono diventate altre. Ed è per questo che oggi, nel fare il mio lavoro in queste condizioni, ho bisogno del sostegno dei lampedusani. Perché spesso, quando lo sconforto sta per prendere il sopravvento, sono loro a darmi carica ed energia.

Come è accaduto con Jasmine. Era arrivata dentro un barcone con oltre ottocento persone ammassate una sull'altra. Tantissimi erano rannicchiati nella stiva e tutti stavano male. Quando sbarcò, Jasmine aveva già rotto le acque. La sua piccola non ce l'avrebbe fatta se l'avessimo portata a Palermo. Cercai quindi di tranquillizzarla mentre le facevo l'ecografia e le mostravo il cuore e la testolina della sua bimba, che era in sofferenza fetale. Non avevo scelta. Mi assunsi la responsabilità di intervenire con una grande episiotomia, un taglio della vagina che va effettuato immediatamente prima della nascita. Era un rischio che dovevo correre. L'intervento riuscì perfettamente e Jasmine partorì una splendida bambina, un grande dono. Gift, appunto, come la madre l'ha voluta chiamare.

Subito dopo, una straordinaria sorpresa. Uscito dalla sala parto, in piena notte, sporco di sangue e stremato, ho trovato lì fuori ad attendere tante altre mamme, le donne lampedusane, che avevano portato tutto il possibile per accogliere Gift: pannolini, vestitini, piccoli regali.

Quella volta capii anche che al poliambulatorio avevamo bisogno di qualcosa in più. Spesso le donne incinte arrivano da noi insieme ai loro figli. Bambini che guardano intimoriti il medico in camice bianco portare via la propria mamma in una sala piena di strani macchinari. L'idea era semplice: dovevamo attrezzare accanto alla sala visite una stanza dei giochi, colorata e piena di attività per intrattenere i piccoli durante l'attesa. E quell'idea ha funzionato, tanto che spesso da lì i bambini non se ne vogliono più andare. Ma poi basta un piccolo dono a convincerli a lasciare la ludoteca.

Far nascere un bambino e vedere il sorriso sulle labbra di chi hai aiutato a partorire è sempre una grande gioia. Durante uno sbarco, nella primavera del 2016, ho visitato tre donne gravide. Tra queste una bellissima ragazza nigeriana di nome Joi. Era incinta di quattro mesi e sola, perché nel deserto i trafficanti l'avevano separata dal marito: lei da una parte, lui dall'altra. Un allontanamento forzato al quale non avevano potuto opporsi. Lei era stata rapita, poi liberata e fatta imbarcare. Di lui non sapeva più nulla. «Aiutami a trovarlo» mi ha implorato. «Ti prego, non voglio che mio figlio cresca senza suo padre. Abbiamo rischiato tutto per farlo nascere in un posto migliore. Tu sai come cercarlo. Ti supplico, aiutami.»

Quando si trovano davanti a me e incrociano uno sguardo amico, non sono più soltanto il medico che le sta visitando ma un'ancora di salvezza, chi può ridare loro la speranza di ritrovare i propri cari, di riunire la propria famiglia, anche se, come nel caso di Joi, ciò non è possibile. Oppure, più semplicemente, sono l'unica persona a cui possono raccontare il proprio dramma. E spesso, allora, la richiesta che mi arriva da molte di queste ragazze dopo averle sottoposte a ecografia è tremenda: rinunciare a quello che non è il frutto di un amore, ma la drammatica conseguenza di una violenza.

Un giorno al poliambulatorio è arrivata Sara, nigeriana, diciassette anni. «Voglio morire» ripeteva in modo ossessivo. Non riusciva a smettere. Era sbarcata con altre centocinquanta persone, tra cui cinque ragazze, tutte molto giovani e tutte incinte. Le compagne di traversata ci riferirono che Sara aveva provato più volte a togliersi la vita, senza riuscirci. In corsia si buttò persino giù dalla barella per la disperazione.

Le feci l'ecografia. Era alla diciottesima settimana. Provai a mostrarle il monitor, ma lei piangeva e basta. «Non fare così,» tentavo di consolarla «vedrai che tutto si risolve.» Ma a chi pretendevo di darla a bere?

Mi guardò dritto negli occhi, poi: «Io non so nemmeno chi sia il padre di questo bambino. Mi hanno violentata in cinque. Cinque energumeni che si alternavano e hanno finito solo quando non hanno avuto più l'energia per continuare a torturarmi. Cosa pensi, dottore, che possa rappresentare per me, oggi e in futuro, ciò che sto portando dentro la mia pancia?». Fu straziante ascoltarla. Maledetti bastardi.

Non potevo darle torto. Chiamai i medici della mia Azienda sanitaria a Palermo e le assistenti sociali. E l'indomani l'abbiamo trasferita in elicottero. Ha abortito e adesso la seguono in una struttura che si prenderà cura di lei.

Come Sara, moltissime ragazze mi raccontano quanto accaduto loro, come per volersi liberare di un fardello che non potrebbero consegnare a nessun altro. E poi mi chiedono di abortire, ma di non farlo sapere a nessuno perché a una vergogna se ne aggiungerebbe un'altra, forse più pesante e che non potrebbe mai essere accettata dalle famiglie che hanno lasciato nei Paesi d'origine.

Sono davvero tantissime le donne gravide che in questi anni sono arrivate a Lampedusa. Una notte, al molo, dalle motovedette ne sbarcarono cinque. Io non potevo andare subito al poliambulatorio con loro perché dovevo visitare gli altri migranti. Chiamai Elena, medico e mediatrice culturale che mi segue sempre, e chiesi a lei di accompagnarle. Le avrei raggiunte appena potevo.

Una di loro, all'ottavo mese di gravidanza, aveva qualcosa che mi insospettiva: soffriva molto. «Falle subito un'ecografia,» dissi a Elena «sta troppo male.»

Terminati i controlli in banchina, mi recai in ospedale. Trovai Elena con gli occhi rossi. Aveva pianto.

«Cosa succede?» le domandai.

«La ragazza che sta male... Secondo me il bambino è morto.»

Raggiunsi la sala dell'ecografia e ripetei l'esame. Elena aveva ragione. Il cuore del bambino non batteva più. Non aveva resistito alla fatica di quel viaggio e allo stress che la madre aveva dovuto sopportare. La giovane donna capì subito. Nessuna gioia nei nostri volti, nessun invito a guardare un monitor in cui avrebbe visto solo l'immagine di un corpicino inerte. Le comunicammo la notizia e lei non disse una parola. Chiuse gli occhi e le lacrime iniziarono a scorrere bagnandole il viso. Piangeva in silenzio.

Decidemmo di trasferirla in elicottero a Palermo. Chiamai le assistenti sociali e chiesi loro di starle vicino, di consolarla, di fare in modo che non fosse sola.

La operarono. In grembo portava un bel maschietto. Quando me lo comunicarono avvertii un grande senso di impotenza e di sconfitta. Io non avevo nemmeno controllato il sesso mentre la visitavo. Non me l'ero sentita.

Dopo le dimissioni, dall'ospedale la trasferirono in una struttura di accoglienza che ospitava solo ragazze. Non ho mai saputo quale sia stato il suo destino.

Le ferite dell'anima

La mia è una famiglia numerosa. Sette figli: cinque femmine e due maschi. Mio fratello Mimmo aveva un anno e mezzo quando venne colpito dalla meningite. Allora non era semplice diagnosticarla in tempo per evitarne la degenerazione. Le lesioni cerebrali furono tali che i miei genitori furono costretti a ricoverarlo in manicomio. A Lampedusa, il concetto di paziente psichiatrico non esisteva neppure. E le famiglie non potevano caricarsi un peso così grande e ingestibile.

Ogni volta che mamma andava a trovare Mimmo ad Agrigento tornava sconvolta, quasi trasfigurata. Un giorno insistetti per andare con lei. Volevo capire perché queste visite le provocassero tanto dolore. Mi portò, ma una parte di me avrebbe preferito che non lo avesse fatto. Trovai mio fratello nudo, pieno di lividi e graffi; camminava avanti e indietro in quello che mi sembrò un enorme non luogo. Il nero assoluto. L'assenza di ogni forma di colore e, anche e soprattutto, di calore. Il pavimento era una lurida latrina. La sporcizia ovunque: le lenzuola sudicie, i materassi intrisi di urine nauseabonde. La totale mancanza di umanità, e queste anime che vagavano in un inferno che non era solo quello della loro mente sconvolta. Provai ribrezzo e rabbia. Avrei voluto portarlo via con me, ma sapevo bene che non potevamo.

Durante il viaggio di ritorno pensai a lungo a ciò cui avevo assistito. Non riuscivo a darmi pace. Ora potevo capire il volto di mia madre contratto da uno spasimo, lo sguardo spento di chi sa che non può fare nulla per salvare ciò a cui tiene di più al mondo, il proprio figlio.

Quando, dopo una lunga e complessa battaglia, finalmente chiusero il manicomio, riuscimmo a trasferire mio fratello in una casa famiglia ad Aragona. Fu un piccolo sollievo per mia madre e anche per me. Ma non mi bastava. Per anni è stato come avere un tarlo, un nodo irrisolto che mi inquietava, mi creava una sottile e persistente angoscia.

Tempo dopo, frequentando l'università, cercai di capirne di più, mi documentai sul percorso che era stato fatto grazie a Franco Basaglia, lo psichiatra veneto che rivoluzionò il concetto di malato psichico. Alla fine realizzai che dovevamo fare in modo che a Lampedusa i bambini e i ragazzi disabili psichici non si sentissero più soli. E oggi in parte ci siamo riusciti. Abbiamo creato un centro dove hanno trovato assistenza, supporto medico e soprattutto dove possono stare insieme, giocare, creare, cucinare, dipingere, divertirsi. Ogni mattina il pulmino va a prenderli a casa e li porta al poliambulatorio. Io quando posso li raggiungo per trascorrere qualche ora insieme a loro. E a volte penso che, forse, dal male, dal nostro dramma familiare, dalla pena infinita di mia madre è nato un piccolo albero che sta mettendo radici.

Curare le ferite del corpo è il mio lavoro. Fare del mio meglio per alleviare il dolore. Uno dei miei crucci, però, è quello di non possedere gli strumenti per curare le ferite dell'anima.

Quando pensiamo alle migliaia di profughi che arrivano ogni giorno sulle nostre coste, facciamo fatica a dare loro un'identità, a inquadrarli come persone, a non ridurre tutto a meri numeri. Bene che vada, proviamo pena se sappiamo che patiscono sofferenze atroci o muoiono prima di raggiungere la meta agognata. Ci rattristiamo se vediamo un bimbo esanime tra le braccia di un soccorritore. Possiamo commuoverci, persino piangere, ma è come se stessimo guardando un film. Sono sensazioni che durano un tempo limitato. Tutto è semplificato, banalizzato. Non esiste complessità nel nostro modo di affrontare «il» problema.

Quasi mai ci poniamo la questione della debolezza, della fragilità emotiva, dei traumi interiori di chi arriva nel nostro Paese in cerca di aiuto. È come se, magari involontariamente, li considerassimo esseri umani con una psiche differente dalla nostra, meno meritevole di attenzione. Il ruolo degli psicologi, invece, nell'assistenza a chi fugge da fame e guerre, è assolutamente indispensabile. Così in diverse occasioni mi è capitato, e mi capita ancora, di sentirmi disarmato e incapace di dare loro risposte.

Accadde, qualche anno fa, che a Lampedusa sbarcarono un giorno centocinquanta ragazzi. Li visitai, come sempre, in banchina.

Per controllare se hanno la scabbia, guardiamo loro le mani e – ma solo ai maschi – solleviamo la maglietta e caliamo i pantaloni per ispezionare il resto del corpo. Perché gli acari si annidano nella schiena, nelle natiche, nell'inguine. Si tratta di controlli rapidi ma fondamentali. Alle donne, invece, esaminiamo solo le mani.

A un certo momento mi trovai davanti un ragazzo nigeriano di ventisei anni. Gli controllai le mani, gli sollevai la maglia ma, non appena provai a fargli abbassare i pantaloni, lui si oppose. Tentai di convincerlo, scosse ripetutamente la testa e, con lo sguardo terrorizzato, mi fece cenno di no. La sua determinazione mi sembrò molto strana, tuttavia lasciai perdere e proseguii nei miei controlli.

Nelle ore successive continuai a pensare a quel ragazzo e al suo rifiuto così netto. Immaginai che non volesse mostrare le sue parti intime per pudore, perché si vergognava. Ma non era un atteggiamento normale.

Dopo un paio di giorni mi telefonò il medico del centro di accoglienza: c'era un ospite che aveva bisogno di essere visitato al poliambulatorio perché aveva un problema serio. Non mi spiegò di cosa si trattasse e non aggiunse altro. Mi parve, però, molto preoccupato. Gli dissi di farlo accompagnare da me e preparai subito il Certificato STP, ovvero di straniero temporaneamente presente, un documento importantissimo perché consente ai migranti di ricevere assistenza sanitaria gratuita in tutto il territorio nazionale. Ha una durata di sei mesi ma è rinnovabile per altri sei. Molti migranti non lo vogliono perché temono di essere identificati, ma io spiego loro che è fondamentale, perché è l'unico pezzo di carta che permette di essere curati nelle strutture sanitarie pubbliche. E, tutte le volte che partecipo a convegni e seminari medici, mi batto affinché i miei colleghi comprendano l'importanza di un documento così necessario.

Stavo compilando l'ultima parte del certificato quando, davanti alla porta, mi ritrovai il ragazzo che, in banchina, si era rifiutato di farsi controllare la zona inguinale.

Lo accolsi e gli chiesi di spogliarsi, ma lui, esattamente come allora, si rifiutò. Gli spiegai che stavolta non poteva opporsi: se dal centro di accoglienza lo avevano mandato qui, era perché necessitava di una visita. Lui, però, continuava a opporre resistenza. Era a disagio, turbato, imbarazzato.

Non sapevo più cosa pensare. Davvero mi sembrava assurdo tutto quel timore. Timore di che? Cosa avrei potuto fargli? Di che aveva paura? Stavo cominciando a innervosirmi quando lui, improvvisamente, si slacciò la cintura, aprì la cerniera lampo, tirò giù i pantaloni e si tolse anche gli slip.

Mi si raggelò il sangue. Provai un conato di vomito. Non riuscivo a guardarlo in volto perché ero consapevole che avrebbe letto nei miei occhi l'orrore che stavo provando. Non sapevo cosa fare e, soprattutto, cosa dire.

Tra le sue gambe c'erano i testicoli e, poi, nel mezzo, un

buco. Non aveva nemmeno un accenno di pene. Glielo avevano tranciato di netto. Quel povero ragazzo era stato evirato.

Era agghiacciante. A ventisei anni gli era stata tolta ogni possibilità di avere una vita normale. Tutto mi fu chiaro: il suo rifiuto di spogliarsi, la ragione per cui il medico del centro non mi aveva anticipato nulla. Non avevo mai visto nulla di simile.

Mi feci forza e lo guardai. Dai suoi occhi trasparivano mille emozioni. Ma emergeva, soprattutto, la grandissima vergogna che provava a dover mostrare il suo corpo mutilato.

Gli chiesi cosa fosse successo. Lui rimase in silenzio per diversi minuti. Poi, trovò la forza e iniziò a raccontare.

«In Nigeria stavo bene. Ero fidanzato con una bellissima ragazza e dovevamo sposarci. Avevamo grandi progetti, volevamo dei figli. Non eravamo benestanti, ma nemmeno poverissimi. Mi bastava quello che guadagnavo e lo avrei fatto bastare anche per far vivere serenamente la mia famiglia. Ero felice. Eravamo felici. Poi, un giorno, tutto questo è finito. Anni di amore e sogni, distrutti in pochi istanti.

«Stavo passeggiando con la mia fidanzata per strada quando un gruppo di ragazzi cominciò a fare apprezzamenti volgari su di lei. All'inizio sopportai, lei mi diceva di stare calmo, che se ne sarebbero andati. Poi, però, quei mascalzoni iniziarono ad avvicinarsi a noi, a lei, e l'approccio diventò sempre più pesante, sempre più insopportabile. Non ci vidi più e li affrontai. Cominciai a tirare calci e pugni, ma io ero solo e loro, invece, erano in quattro. La mia ragazza iniziò a urlare, chiedendo disperatamente aiuto. Nessuno interveniva e loro mi afferrarono e presero a pestarmi. A quel punto lei scappò per raggiungere casa mia e chiamare qualcuno che venisse a salvarmi.

«Nel frattempo, loro continuavano a picchiarmi. Non sentivo più nemmeno il dolore dei colpi che mi arrivavano ovunque: sulla testa, alla pancia, nelle parti basse. A ogni colpo la mia faccia, la mia bocca, si riempivano di terra. La polvere che si alzava dalla strada mi riempiva gli occhi e il naso. Non ci vedevo più. "Finiranno prima o poi" pensavo, e cercavo di farmi forza.

«Ma a quei delinquenti tutto ciò non bastava. Mi trascinarono per decine di metri e mi portarono in un capanno abbandonato. Il mio terrore cresceva. Non riuscivo nemmeno a immaginare cosa volessero farmi, tuttavia non credevo che volessero uccidermi.

«E infatti il loro obiettivo non era togliermi la vita. Sarebbe stato troppo banale e non li avrebbe fatti godere abbastanza. Volevano infliggermi una sofferenza senza tempo. Volevano distruggere il mio essere maschio, marito, padre, uomo.

«Il più muscoloso del gruppo estrasse un piccolo machete. Un altro mi abbassò i pantaloni, denudandomi. Fu un attimo. Vidi la lama del machete attraversare l'aria e tranciare di netto il mio pene.

«Mi lasciarono per terra sanguinante e se ne andarono portandosi via come un trofeo il mio organo. Poco dopo arrivarono i miei amici a soccorrermi, ma era troppo tardi.

«Mi portarono in ospedale e i chirurghi mi operarono d'urgenza. Mi salvarono la vita, ma sarebbe stato molto meglio se nessuno mi avesse trovato. Avrei preferito che quegli animali mi avessero ucciso. Da quel momento la mia esistenza ha smesso di avere un senso.»

Tacque. Io non riuscii a proferir parola. E lui, incurante, continuò.

«Guarii abbastanza in fretta e tornai a casa. Nulla era, né sarebbe più stato, come prima. Presi allora l'unica decisione possibile: partire, lasciare tutto e provare a venire in Europa. Non avevo abbastanza coraggio per affrontare nel mio Paese le conseguenze di ciò che mi avevano fatto. Non sarei mai stato accettato per quello che, mio malgrado, ero diventato. Non avrei più potuto guardare in faccia la mia donna, i miei amici e persino mia madre.»

Poi, con occhi imploranti, mi chiese: «Dottore, cosa posso fare? Mi dica che esiste un metodo per riavere quello che ho perduto, che c'è almeno una possibilità che io possa tornare a un'esistenza serena...».

Io ero annichilito. Con grande fatica scelsi, però, di non tacergli la verità: non c'era molto da fare e un'eventuale protesi sarebbe stata soltanto un rimedio estetico o poco più. Il dramma era che non riuscivo a dirgli niente per confortarlo, per sostenerlo psicologicamente, per incoraggiarlo. In quel momento mi sentii inutile.

Alla fine lui mi salutò ringraziandomi per essere rimasto ad ascoltare la sua storia e se ne andò, accompagnato da uno degli operatori del centro di accoglienza.

Rimasi quasi un'ora seduto alla mia scrivania, incapace di fare qualunque cosa. Inebetito.

Il giovane si fermò a Lampedusa per qualche giorno e passò un paio di volte a trovarmi al poliambulatorio. Mi disse che mi era grato anche se non avevo potuto fare nulla per lui. Quando il suo gruppo partì per Agrigento andai io stesso ad accompagnarlo alla nave. E quel dolcissimo e disgraziato nigeriano mi abbracciò e mi salutò, donandomi un'ultima volta il suo sorriso triste.

La saggezza del piccolo Anuar

«Dottore Bartolo, sono in centoventi. Le motovedette stanno arrivando in porto. La aspettiamo.» Telefonate come questa me ne arrivano in continuazione e ci sono giornate e nottate in cui la linea diretta con la capitaneria di porto - guardia costiera e la guardia di finanza non si interrompe mai. Arrivi al molo e aspetti. E quando aspetti per ore, con il vento che ti spinge addosso l'acqua gelida, pensi a quante ore hanno trascorso loro travolti dalle onde col freddo che entra nelle ossa. Uomini e donne che spesso il mare non lo hanno mai visto, non lo conoscono e non avrebbero certo mai pensato di conoscerlo in questo modo.

Quella mattina con me c'era anche un giovane medico che voleva capire cosa si provasse a fare il nostro lavoro in quel luogo, in quelle condizioni, con quel coinvolgimento emotivo. Rimase sorpreso dal «famoso» molo Favaloro.

«Ma è una banchina malandata e male illuminata!» esclamò. «È in condizioni pietose. Non sembrerebbe dalle immagini che vediamo in televisione ogni giorno.»

«Come sia è poco importante» gli risposi. «Importante è quello che facciamo, non dove lo facciamo, e qui ogni istante che perdi può voler dire perdere una vita.»

Il giovane collega capì che, in realtà, aveva toccato un tasto dolente. Ho chiesto più volte alle autorità competenti una illuminazione decente e un punto di ristoro immediato per chi arriva affamato e infreddolito. E soprattutto ho chiesto dei bagni. Perché, se gli uomini non hanno problemi, le donne quando sbarcano per prima cosa chiedono di andare in bagno. Mille e mille volte sono dovuto intervenire perché avevano le vesciche ridotte in condizioni pietose. La vergogna, il pudore, impediscono loro, durante il viaggio, di liberarsi, di cedere alla necessità.

Le motovedette erano due. A bordo, come sempre, tante donne e alcuni bambini. Salii subito a controllarli. Nessun caso di malattie infettive, solo disidratazione e ipotermia. Sulla prima imbarcazione avevo notato due bimbi piccoli e uno più grande. Non vedevo l'ora di farli scendere. Visitai i più piccoli. Due fratellini di due e quattro anni, bellissimi, letteralmente attaccati alla loro mamma quasi avessero paura di non ritrovarla più in mezzo a tanta gente. In un angolo, tutto solo, stava il bambino più grandicello. Accanto a lui non c'era nessuno.

Mi avvicinai. Parlava bene l'inglese. Anuar, questo il suo nome, mi disse di essere nigeriano. Mi raccontò che suo padre era stato assassinato dagli uomini di Boko Haram, i fondamentalisti che distruggono tutto ciò che incontrano nel loro cammino. E mentre me lo raccontava sentivo nella sua voce un odio senza filtri. Avrebbe voluto piangere e anche io avrei voluto che lo facesse, che si sfogasse, aveva solo dieci anni. Ma non lo fece. Perché quello che era successo lo aveva trasformato in un uomo e gli aveva fatto saltare tutti i passaggi della vita che un bambino dovrebbe conoscere.

Sua madre gli aveva consegnato i pochi risparmi che aveva e lo aveva affidato a un ragazzo poco più grande di lui. «Proteggilo, aiutalo» gli aveva detto. «Portalo via da qui. Non voglio che faccia la fine di suo padre. Almeno lui deve salvarsi.» Anuar non voleva lasciare la madre sola, non voleva staccarsi da lei, ma alla fine aveva dovuto cedere. Arrivati in Libia l'amico a cui era stato affidato lo aveva abbandonato: «Per me ora sei un peso. Devi cavartela da solo».

«Ho vagato per giorni senza sapere cosa fare e dove andare» mi raccontò trattenendo a stento le lacrime. «Poi ho incontrato un vecchio signore che si è preso cura di me. Non era cattivo come quelli che imprigionano e fanno le torture. Sono stato fortunato. Mi ha aiutato finché sono riuscito a salire sul barcone e a partire. Mia madre mi ha affidato il destino della mia famiglia, mi ha dato i pochi soldi che avevamo e io devo salvarmi, devo lavorare e poi voglio tornare da lei e dalle mie sorelle. Allahu Akbar.» Dio è grande.

Stavolta ero io che non riuscivo a trattenere le lacrime. Mi sentivo uno stupido davanti a un vecchio saggio. Dieci anni, pensai, non è giusto. Non ha senso. Cosa si porterà dentro Anuar, come potrà mai giustificare tutto questo? Cosa penserà di noi quando diventerà grande, anche se grande lo è già? Quella sera tornai a casa distrutto. Raccontai quanto era accaduto a mia moglie e le dissi che avrei voluto prendere con noi Anuar, avremmo potuto chiedere la custodia momentanea. In passato era già accaduto. «Pietro, non è questa la strada giusta e lo sai bene» mi rispose lei. E purtroppo aveva ragione.

Il destino in un sorteggio

Una sera mio padre tornò dal porto dove era stato tutto il giorno a riparare le reti e a sistemare il *Kennedy*, il nostro peschereccio. Aveva deciso di chiamarlo così perché era stato costruito l'anno dell'omicidio del presidente degli Stati Uniti. Cenammo insieme e poi ci chiamò attorno a sé. Prese sette pezzetti di carta ripiegati e li buttò sul tavolo. «Siete sette» ci disse «e io non posso permettermi di farvi studiare tutti.» Poi fece scegliere a Caterina, la più piccola, uno dei biglietti.

A Lampedusa non c'erano scuole superiori e, a quei tempi, mantenere i propri figli fuori per farli studiare era un lusso che pochi potevano sostenere. Il sorteggio, in realtà, era una finzione. Capii subito che in quei bigliettini era ripetuto lo stesso nome sette volte. Il mio. Ero l'unico maschio in casa, stavo per terminare la terza media, a scuola avevo ottimi voti e, soprattutto, se a mio padre fosse accaduto qualcosa avrei dovuto pensare io a mia madre, alle mie sorelle e a mio fratello.

Quella notte a letto piansi in silenzio. Avevo soltanto tredici anni e l'idea di lasciare la mia famiglia per trasferirmi in un posto che mi sembrava lontanissimo mi terrorizzava. «*Mamà, un mi nni vogghiu iri. Mi scantu*» dissi al mattino a mia madre. «Non me ne voglio andare, ho paura.» Lei mi tenne stretto forte forte e riconobbi il suo sguardo, quello che aveva ogni volta che tornava da Agrigento dopo aver visitato mio fratello in manicomio. Anche lei era addolorata, non voleva perdere pure me.

Poco dopo la sentii discutere con mio padre, ma bastarono poche parole per convincerla. «*Tu voi chi sinni sta ca' pi fari u piscaturi comu a mmia? Chistu voi pi to figghiu?*» le chiese. «Vuoi che resti qui per fare il pescatore come me? Questo vuoi per tuo figlio?» Non voleva assolutamente che anche io facessi la sua vita, appesa ai capricci di un mare che decide quando essere clemente e quando invece punirti senza pietà.

E poi c'era un'altra ragione, profonda, che ha segnato una fase importante della nostra storia. La ricostruzione del dopoguerra e il boom economico indussero persone modeste, operai, contadini, pescatori, a pensare che un futuro diverso per i loro figli fosse possibile. Avere un figlio laureato, medico, ingegnere, avvocato, insegnante non era più un sogno irrealizzabile, e non lo era perché lo Stato ti aiutava, ti sosteneva. Perché credevamo tutti che la nostra democrazia finalmente poggiasse su basi solide, forti e quasi indistruttibili. Mio padre era davvero convinto che quella sfida io avrei potuto vincerla se ci avessi messo impegno.

Partii l'autunno successivo. Una valigia con i pochi vestiti che possedevo e nient'altro. Fu deciso che avrei studiato a Trapani perché era collegata a Lampedusa con l'aereo. Frequentavo il liceo scientifico. Mio padre affittò per me una stanza nella casa di un'anziana signora. I primi giorni furono un incubo. La proprietaria era fredda, burbera, indifferente al fatto che io fossi poco più che un bambino. Mai un sorriso, mai un abbraccio o una parola di conforto. La casa era buia, tetra, aveva le pareti scrostate per l'umidità. I primi tempi, tornato da scuola mi buttavo sul letto e piangevo. Mi prendeva un'angoscia irrefrenabile e, quando calava la sera e rimanevo totalmente solo senza poter parlare con nessuno, senza avere nulla da fare, l'angoscia cresceva ancora di più. Pensavo a mia mamma, a mio papà e alle mie sorelle seduti a tavola tutti insieme.

Io non sapevo fare nulla, meno che mai cucinare. In una famiglia con sei donne, toccare una pentola sarebbe stata una cosa fuori dal mondo. Così, per mesi mangiai solo pane e carne in scatola: per questo ancor oggi, al supermercato, davanti a una lattina di carne mi viene il voltastomaco. Poi, piano piano imparai a prepararmi un piatto di pasta e a cuocere, più che a cucinare, cibi semplici, ma soffrivo tanto.

Mi sembrava una situazione assurda. Solo, in una città che non conoscevo. Scuola, casa; casa, scuola. Ogni giorno lo stesso ritmo, la stessa vita. E quando per le strade di Trapani la domenica vedevo le famiglie unite e spensierate passeggiare e sorridere sentivo un nodo fortissimo stringermi in gola e ricominciavo a piangere, in silenzio. Non facevo che studiare e pensare a quando sarei tornato nella mia isola.

Può sembrar strano ma, in una città affacciata sul mare, a me mancava il «mio» mare. Perché non è la stessa cosa. Solo chi conosce Lampedusa può capire la differenza. La mia terra piatta, stretta in un abbraccio indissolubile con l'acqua. E poi mi mancavano i pomeriggi trascorsi in campagna con gli amici, a correre a piedi nudi, a divertirci con poco, con giochi improvvisati, inventati. Quel poco, però, mi rendeva felice. E a questo pensavo per cercare di non farmi vincere dalla tristezza chiuso tra quelle quattro mura gelide.

Dopo due anni, mio padre mi trovò un'altra stanza, a casa di una famiglia. Il capofamiglia, *u zu* Nanà, era un venditore ambulante. Lui e la moglie mi trattavano molto meglio dell'anziana signora.

Alla casa si accedeva da un garage in cui l'uomo teneva il suo carretto e l'asino che serviva a trainarlo. Al mattino, prestissimo, prendeva il carretto e andava in un posto chiamato la «Senia», un orto-giardino dove si coltivavano verdura e frutta di ogni tipo. Caricava la merce e poi la vendeva per le strade di Trapani. E siccome io mi svegliavo spesso all'alba, lo accompagnavo a riempire le ceste e dopo me ne andavo a scuola. Non mi pesava affatto e, anzi, era un modo per trovare qualcosa da fare.

Ogni tanto, *u zu* Nanà mi portava a Bonagia, nella tonnara che si affacciava su un minuscolo porticciolo, e in cui si svolgeva la mattanza. Tonni enormi che, alla ricerca delle acque calde, cadevano ignari nell'ingegnoso sistema di reti e finivano dritti nella «camera della morte». E in quella camera le possenti braccia dei tonnaroti, guidate dalle *cialome*, antichissimi canti, e dalla voce del rais, il pescatore più esperto, agganciavano con lunghi uncini i tonni venuti a galla. Infine, li tiravano su con sforzi immani.

La prima volta rimasi impressionato da questa sorta di battaglia epica tra l'uomo e l'animale, dal colore del sangue che finiva per tingere di un rosso vivo l'acqua del mare, dalle espressioni stremate dei pescatori. Era uno spettacolo imponente che trasmetteva una grande carica adrenalinica.

In quel periodo conobbi anche il mio unico amico trapanese. Si chiamava Michelangelo. I pomeriggi, dopo la scuola, andavamo nella pineta di Erice a raccogliere i pinoli. Facevamo cadere le pigne dagli alberi, le aprivamo e poi prendevamo i frutti per metterli ad asciugare. Ne raccoglievamo tanti e ce li dividevamo. Io, però, i miei li davo a *zu* Nanà, che li vendeva insieme alla sua merce. Rendevano bene perché erano difficili da raccogliere. Era anche quello un passatempo e, così facendo, davo una mano alla famiglia che mi ospitava.

A Trapani imparai a fare pure il saldatore. Vicino alla casa dove abitavo c'era un fabbro, *u zu* Titta. Andavo da lui nel pomeriggio e, piano piano, imparai il mestiere. Solo che, siccome allora ero molto impulsivo, non pensavo a proteggermi il viso con la maschera. Il risultato era che, la sera, tornavo a casa con gli occhi rossi e gonfi e non riuscivo nemmeno a dormire. Trascorrevo intere notti con le fette di patate adagiate sulle palpebre per lenire il dolore.

Avevo voglia di apprendere, ogni cosa mi incuriosiva e, soprattutto, non volevo avere tempo per pensare allo stato in cui mi trovavo.

Una scelta definitiva

Mi è sempre piaciuta la caccia. Fin da piccolo, insieme ai miei amici, andavo a cacciare le allodole con le fionde che costruivamo staccando i rami dagli alberi. Non era semplice sceglierli, perché il legno doveva essere resistente ma non doveva spezzarsi. Quella delle fionde era un'arte che si tramandava: i più grandicelli la insegnavano ai più piccoli, e il bello è che accade ancor oggi. Dovevamo pur inventarci qualcosa da fare nel tempo libero e questo era uno dei nostri passatempi preferiti.

Una delle attività economiche più diffuse a Lampedusa era la lavorazione dei cosiddetti *piscisicchi*. I pesci venivano prima messi in grandi vasche colme di una specie di salamoia e poi raccolti e poggiati a uno a uno, testa-coda testa-coda, su enormi telai che venivano portati dove attualmente c'è l'aeroporto. Il «campo di aviazione» lo chiamavamo, poiché serviva solo per gli aerei militari. Tutte le mattine i lavoranti sistemavano migliaia di telai con i pesci uno dietro l'altro, riempiendo l'intero spiazzo in terra battuta. L'effetto era bellissimo: i pesci erano color argento e i raggi del sole li trasformavano in un enorme fiume luccicante. Ogni sera, poi, i telai venivano rimossi perché non dovevano prendere umidità.

Cinque, sei mesi, tanto durava la trasformazione dei *piscisicchi*, che poi venivano portati in Sicilia per essere venduti. Non sembra, ma era una fatica enorme, un lavoro massacrante. Durante la giornata, i gabbiani dal mare sentivano l'odore del pesce e provavano a beccarlo, così i guardiani del campo trascorrevano tutto il tempo a cacciarli via.

Spesso un altro pericolo per i lavoranti eravamo proprio noi bambini, sempre alla ricerca dei nidi delle allodole. Era difficilissimo individuarli, ma avevamo trovato un metodo: scrutavamo il cielo in cerca delle madri che, per difendere i loro piccoli, volavano sopra i nidi, e così andavamo a colpo sicuro. Molto di frequente, i nidi erano proprio nel campo dei *piscisicchi* e allora, approfittando di un momento di distrazione dei guardiani, andavamo a sollevare i telai per catturare le nostre prede. E così facendo diventavamo molto più dannosi dei temuti gabbiani.

Più adulto, andavo spesso a sparare agli uccelli che passavano sul nostro cielo lungo le rotte migratorie e si fermavano a riposare per una sosta dopo un lungo viaggio. Poi smisi, all'improvviso. Smisi per una ragione apparentemente senza senso. Un giorno ero a caccia con gli amici. Da qualche tempo Lampedusa era diventata approdo per i migranti e io ero già medico. Presi la mira per colpire, ma mi bloccai. Rimasi fermo a guardare quella massa fluttuante che, come un'onda leggera, si muoveva sopra le nostre teste. Pensai al lungo percorso che avevano fatto e a quello che ancora avrebbero dovuto fare per raggiungere la loro meta. E scattò il paragone. Pensai all'«altra» migrazione, immaginai di vedere in quello stormo i volti delle persone che si spostavano affrontando mille pericoli per cercare la salvezza. Di coloro che nella loro «rotta migratoria» perdono mogli, figli, fratelli.

Da allora non sparai mai più a un uccello. Anzi, ogni volta che devo concedere i documenti che servono ad avere il porto d'armi per la caccia, perché è a me che tocca decidere, provo a convincere chi lo richiede a rinunciare, a lasciar perdere.

Qualche anno dopo, accadde un fatto che mi fece ripensare a quel momento.

Quasi tutti ricordano il naufragio del 3 ottobre 2013. Le trecentosessantotto vittime, le bare allineate nell'hangar dell'aeroporto di Lampedusa: morte a pochi metri dalla spiaggia, dalla salvezza, dalla nuova vita. Meno numerosi, invece, sono coloro che ricordano l'altro naufragio, accaduto l'11 ottobre, solo pochi giorni dopo. Perché, anche se i numeri non erano meno importanti, non è avvenuto a pochi metri dal porto ma al largo di Malta.

Quel giorno a Lampedusa atterrò un elicottero maltese con nove sopravvissuti. Il poliambulatorio sembrava un ospedale da campo in piena guerra. Stavano sdraiati o seduti sulle sedie a rotelle con le flebo attaccate e le coperte addosso. Uno di loro aveva perso la sua famiglia, ventidue persone in tutto. Urlava e piangeva. Voleva ammazzarsi, non si dava pace per essere l'unico in salvo. Lo sedammo e riuscimmo a calmarlo.

Accanto, su una sedia, c'era un altro giovane uomo, un siriano, anche lui con la flebo. Stava in silenzio, con lo sguardo spento. Provai a parlargli, ma inutilmente. Poco distante una donna teneva in braccio un bimbo di nove mesi. Pure lei sembrava assente, come se non fosse lì, come se col pensiero si trovasse altrove, e teneva il suo bimbo in modo strano. Prima lo stringeva forte, poi se ne distaccava come se avesse addosso un pacco. Continuamente.

Dopo circa un'ora l'uomo decise di raccontarmi ciò che era accaduto. Quella donna era sua moglie. Quando il barcone si era rovesciato, erano finiti tutti in acqua. Erano più di ottocento. Lui era un ottimo nuotatore e aveva messo il piccolo di nove mesi sotto il maglione, sul suo petto. Poi con una mano aveva afferrato la moglie e con l'altra il figlio di tre anni. Aveva cominciato a nuotare a dorso senza fermarsi. Cercando di rimanere disperatamente a galla. Aspettando i soccorsi che non arrivavano. Un'attesa estenuante.

A un certo punto aveva sentito il fiato mancargli all'improvviso, le onde che diventavano sempre più alte e la corrente sempre più forte. Aveva dovuto compiere una scelta. Una scelta definitiva, dalla quale sapeva che non sarebbe più potuto tornare indietro. Sospeso tra la vita e la morte, aveva dovuto pensare, calcolare, valutare e poi decidere. Se avesse continuato a nuotare, sarebbero finiti tutti e quattro sott'acqua, morti, annegati. Così alla fine lo aveva fatto: aveva aperto la mano destra e aveva lasciato quella di suo figlio. Lo aveva visto scomparire, lentamente, per sempre.

Mentre me lo raccontava non smetteva di piangere e non riuscivo a smettere nemmeno io. Non ho avuto la freddezza necessaria per reagire e controllarmi. Mi sono sentito sconfitto. Un medico non dovrebbe farsi veder piangere, ma a volte non ce la faccio. Non si può restare freddi davanti a tanto strazio. Ciò che tormentava quell'uomo era che pochi minuti dopo era arrivato l'elicottero a salvarli: «Se avessi resistito solo un altro poco, adesso mio figlio sarebbe qui con noi. Non me lo perdonerò mai».

Un'altra donna aveva in braccio una bambina di due anni. Continuava a dire «*drun drun*», e la mamma ci spiegò che voleva l'acqua, ma non riusciva a bere perché vomitava. Riuscimmo con fatica a metterle una flebo. La donna ci raccontò che il marito era rimasto in Libia. Non aveva abbastanza soldi per fare imbarcare tutti e tre e così aveva scelto di mandare avanti loro. Di lui non avevano più saputo nulla.

Un ragazzo universitario, che era tra i superstiti, mi raccontò che, mentre navigavano, una donna incinta aveva cominciato ad avere le doglie. Avevano chiesto se a bordo ci fosse un medico. Se ne erano presentati sette che l'avevano fatta partorire. Subito dopo il barcone si era capovolto. Forse, aggiunse, perché molti si erano spostati per vedere il bimbo appena nato creando una instabilità fatale.

L'indomani mattina arrivò a Lampedusa una motovedetta della guardia di finanza. In banchina, stavolta, non avevano portato i superstiti ma ventuno corpi, che furono allineati, come sempre, nei sacchi verdi sul molo Favaloro. E come sempre, prima di aprirli, feci un giro attorno a ognuno di loro per farmi coraggio. Tra le ventuno vittime c'erano quattro bambini, maschi e femmine. Erano bellissimi, sembrava dormissero. Non smetterò mai di ripetere che fare le ispezioni cadaveriche è drammatico, ma farle sui bambini è straziante. Tornai a casa ancora più devastato del giorno precedente.

Quel naufragio avvenuto poco lontano da noi non smetteva di restituirci corpi. Non numeri. Corpi, storie di famiglie intere che stavano continuando a perdere i propri figli nonostante fossero scappati dalla guerra proprio per salvarsi. Come se spietati cacciatori mirassero al buio colpendo a caso nella massa fluttuante di migratori.

Dopo una settimana ricevetti una telefonata. Era un siriano che parlava benissimo l'italiano. Aveva trovato il mio numero chiamando tutti i Bartolo di Lampedusa. Mi chiese se tra le vittime o i superstiti avessi trovato suo fratello: era a bordo del barcone affondato, con la moglie e i suoi quattro figli. Faceva il medico e con altri sei colleghi gestiva una clinica. Era scappato con loro dalla Siria in Libia e poi si erano imbarcati. Sette medici: dovevano essere quelli di cui mi aveva parlato il giovane universitario a proposito del parto in mare. Qualche giorno dopo mi mandò le foto del fratello, della cognata e dei figli. In uno degli scatti riconobbi la bambina che era in uno dei quattro sacchi. Allora provai a chiamare Porto Empedocle e Malta nella speranza che mi dicessero che qualcuno si era salvato. Ma la risposta, purtroppo, fu sempre la stessa.

L'orgoglio del riscatto

Dopo aver frequentato i primi tre anni di liceo lasciai Trapani. Mia sorella Enza si era sposata con un militare della capitaneria di porto - guardia costiera di Lampedusa, che era stato trasferito a Siracusa, così andai ad abitare con loro. Fu un sollievo. Finalmente non ero più solo.

Quando tornavo a casa da scuola, Enza mi faceva trovare il pranzo pronto. Sedevamo a tavola tutti insieme e per me era una gioia immensa. Ma anche lì, nella mia nuova città, continuavo ad avere il grande desiderio di vedere il mare. Terminavo di pranzare e poi, come per un impellente bisogno, uscivo da casa per una lunghissima passeggiata che mi portava sulla banchina del porto grande.

Stavo così anche per ore a osservare i granchi, le barche, e pensavo al mio mondo che mi mancava tanto. Era diventato un rito al quale non riuscivo a sottrarmi. Uscivo anche quando pioveva o faceva molto freddo, e persino se avevo qualche linea di febbre.

Ogni tanto mia sorella mi rimproverava: «Pietro, così ti prenderai un malanno. Chi glielo racconta poi a mamma?». In fondo, però, Enza mi capiva. Anche a lei mancava Lampedusa. Sapeva che non potevo fare a meno di respirare l'odore del mare, di avvertirne il richiamo ancestrale.

Mi piaceva tanto andare in banchina, anche quando il mare era in tempesta. Quel fragore delle onde che sbattevano sui frangiflutti mi caricava di energia. Poi, quando mi ero ben ossigenato, tornavo a casa e mi mettevo a studiare fino a tarda notte, aspettando l'estate e la chiusura della scuola.

A quattordici anni, come tutti i miei amici, avevo fatto l'esame chiamato «nuota e voga» per ottenere il libretto di navigazione che serviva per imbarcarsi sui pescherecci. Lo superai al primo tentativo, ma questo era normale per i ragazzi lampedusani. Così, durante il liceo, lasciavo la scuola un mese prima della fine delle lezioni. Siccome ero bravo e mi impegnavo, i professori mi consentivano di tornare a casa in anticipo. E, per la stessa ragione, rientravo a scuola un mese dopo gli altri. Nella stagione estiva, infatti, mi imbarcavo con mio padre. Anzi, passavo direttamente dalla nave che mi riportava a Lampedusa al peschereccio. Quattro mesi in mare. E spesso pescavamo anche di notte. Facevo l'aiutante motorista e mi occupavo della lancia stazza. Mi pagavano come gli adulti. I guadagni venivano divisi in parti uguali e, a seconda del ruolo che si aveva nell'equipaggio, si ottenevano una o più parti. Naturalmente, quello che guadagnavo io lo davo a mio padre. Mantenermi agli studi costava tanto e dovevo contribuire.

I primi anni soffrivo il mare maledettamente. Vomitavo in continuazione. Cercavo gli angoli più isolati del peschereccio per non farmi vedere dagli altri, perché mi vergognavo e soprattutto non volevo dare a mio padre la sensazione di essere debole, di non essere abbastanza coraggioso. Un giorno però lo confessai a mia madre. E lei mi preparò un intruglio di vino rosso in cui fece bollire trenta chiodi di ferro arrugginiti: si pensava facessero «fare lo stomaco». Il risultato fu che mi ubriacai. Mi portarono anche da una vecchia del paese, una specie di fattucchiera. Pregava, mi guardava, mi misurava la testa, le spalle, il bacino. Dopo qualche tempo guarii. Non soffrivo più il mal di mare e non dovevo più vergognarmi.

Una delle prime volte che uscii in mare sulla lancia stazza, la barca di appoggio al *Kennedy*, ero con un ragazzo poco più grande di me. Cercando di avviare il motore, la sua mano finì stritolata dalla corda di accensione. Vidi due delle sue dita tranciarsi di netto e il sangue schizzare da tutte le parti. Tanto sangue che mi arrivava in faccia. Non riuscivo a fermarlo. Una scena tremenda. Spensi il motore e chiesi subito aiuto. Ma non mi persi d'animo. Presi la stessa corda d'accensione e gliela legai attorno al braccio per evitare che il sangue continuasse a scorrere e che l'emorragia diventasse inarrestabile. Il mio compagno perse le due dita, ma ancora oggi continua a ringraziarmi per aver evitato che perdesse tutto il braccio. A quell'improvvisato intervento di pronto soccorso ripensai anni dopo con un filo di nostalgia quando all'università ci mostrarono come usare un laccio emostatico.

A Siracusa mi inserirono in una classe mista. Fino ad allora avevo avuto sempre e soltanto compagni maschi. Mi fecero sedere al primo banco perché ero basso e accanto avevo una ragazza, Rita. Era bellissima. Iniziai a corteggiarla da subito, ma lei mi respingeva e anzi era infastidita dai miei continui tentativi di conquistarla. Siccome però ero molto testardo, alla fine cedette e la motivazione fu che riuscivo a farla ridere, mi trovava divertente.

Rita abitava in un paesino in montagna, Ferla, in dialetto «A Fèrra», un borgo attorno a una piccola fortezza. Una domenica pomeriggio mi feci prestare una motocicletta e, in pieno inverno, con il freddo e la nebbia, dopo chilometri e chilometri di curve e strade improbabili, in un tempo che mi sembrò eterno, arrivai in paese.

Grazie alle indicazioni che mi avevano dato alcuni amici trovai la stradina in cui abitava Rita. La scorsi dietro i vetri. Stava ricamando. Mi sembrò ancora più bella. Appena mi vide, scappò via. Presi coraggio e bussai. Mi aprì la madre. Non sapevo cosa dire ma ormai ero lì e non avevo alcuna intenzione di andarmene. Non potevo perdere quell'occasione. Mi presentai e aggiunsi che volevo bene a sua figlia e che le chiedevo il permesso di fidanzarmi con lei. Lei mi accolse e mi fece entrare. A casa c'era anche una zia. Mi fissò con uno sguardo che definire diffidente sarebbe riduttivo. Prese da parte quella che sarebbe diventata mia suocera e le disse: «*Chistu è chiddu di Lampedusa? Viri ca su tutti sarbaggi*». Manco venissi da un altro mondo: «Questo è quello di Lampedusa? Stai attenta che lì sono tutti selvaggi».

Per loro, in realtà, Lampedusa era un altro mondo: era Africa, non Italia e meno che mai Sicilia. Ma la diffidenza durò poco. Presto mi vollero bene come a un figlio e da allora Rita è diventata la mia compagna di vita, la madre dei miei tre figli Grazia, Rosanna e Giacomo, e soprattutto la donna che condivide le mie gioie quando torno a casa felice per aver fatto partorire una donna o curato un bambino, e lenisce la mia sofferenza ogni volta che sono costretto, sempre più spesso, a confrontarmi con la morte di vittime innocenti.

Finito il liceo io e Rita ci trasferimmo a Catania per studiare medicina. E siccome non potevo perdere tempo, e soprattutto far sprecare soldi a mio padre, costringevo anche lei a stare sui libri senza sosta. Studiavamo insieme in un locale che apparteneva all'università, sostenemmo assieme tutti gli esami e ci laureammo lo stesso giorno. Non dimenticherò mai il momento della proclamazione. Gli occhi di mia madre e di mio padre, la loro felicità per un traguardo che li ripagava di tanti sacrifici. Il loro ragazzo dottore. L'orgoglio di poter andare a testa alta, di dimostrare che con quel poco che si guadagnava trascorrendo giorni e notti a pescare erano riusciti a mantenere sette figli e a portarne uno alla laurea.

E naturalmente anche io mi sentivo orgoglioso per aver dimostrato loro che quei sacrifici non erano stati vani, che la scommessa sulla quale avevano puntato tutto era stata vinta. E ci ripenso ogni volta che vedo arrivare in banchina quelli che vengono chiamati, con un termine umanamente improprio, i «minori non accompagnati». Quei tanti giovani che arrivano qui per giocarsi il riscatto delle loro famiglie.

Una volta una giornalista mi ha raccontato che, quando ancora il Mediterraneo non era in fiamme, era stata sulla sua altra sponda, in villaggi sperduti in mezzo al nulla, per raccogliere e poi raccontare le storie delle famiglie che questi ragazzi lasciano nel proprio Paese. Famiglie che, dentro case fatte di fango e mattoni, aspettavano notizie dei loro cari per giorni, settimane e anche mesi. Famiglie a cui spesso rimanevano solo le foto, appese in sequenza sulle pareti di terriccio, con i volti sorridenti di quelli che erano poco più che ragazzini e che da quel mare non erano più riemersi se non dentro una bara. Foto su cui piangevano mogli giovanissime, rimaste sole con i loro neonati. Su cui si disperavano madri che avevano visto i figli partire di nascosto.

Villaggi fantasma in cui erano rimasti solo vecchi, donne e bambini. Come se da lì fosse passata la guerra. Ma in questo caso la guerra non c'entrava: c'entrava solo una povertà assoluta, che non consente di sfamare le bocche dei figli. Ed è per questo che, quando oggi sento parlare, in tanti talk-show, della differenza tra migranti economici e profughi, mi arrabbio e vorrei buttare tutto per aria.

In quei villaggi, però, c'era anche chi, orgoglioso, raccontava che i figli partiti allo sbaraglio erano riusciti a trovare un destino diverso, e in qualche caso erano persino ritornati per «restituire» quell'«investimento», per condividere quella scommessa vinta.

Ne vedo tanti, al molo, di ragazzi come questi. Li incontro al centro di accoglienza e anche fuori, in paese. Quando escono dalla struttura per fare una passeggiata, stanno sempre molto attenti a non disturbare, a non creare fastidi. Lo fanno soprattutto quando vanno in spiaggia. Si tengono a distanza dai turisti, quasi avessero paura di importunarli.

Un giorno, all'inizio dell'estate, ne vidi un gruppo alla Guitgia, la splendida spiaggia vicino al paese, molto frequentata dalle famiglie con bambini. Saranno stati una trentina. Stavano in disparte, su uno scoglio, tutti insieme.

Non riesco a capacitarmi che non provino odio per questo mare in cui hanno trascorso giorni tremendi, che ha inghiottito i loro amici, i loro familiari, che li ha separati dalla loro terra. Ma, poi, penso che in realtà è lo stesso mare che li ha salvati dalla morte, dalla guerra e dalla fame, dando loro una speranza.

Faceva parte del gruppo un bel giovane, alto, magro. Se ne stava isolato. Da solo, staccato dagli altri. Guardava le mamme che giocavano con i loro figli in spiaggia e piangeva. Mi avvicinai e gli chiesi quanti anni avesse. «Diciannove» mi rispose. Mi raccontò di essere partito dal Ghana. Poi, iniziò a singhiozzare: «Mi manca mia madre! Quando sono partito ero contento di farlo. Avevo progettato il viaggio con i miei amici. Ci avevano detto che l'Europa era bellissima. Che qui avremmo trovato un lavoro e avremmo guadagnato tanto da potere, un giorno, tornare a casa per far vivere meglio le nostre famiglie. Ma abbiamo passato le pene dell'inferno. Il viaggio è stato terribile e, soprattutto, ora non so cosa fare, dove andare. Cosa accadrà quando ci porteranno via da qui? Dove finiremo? Io ho paura». Era disperato. «Tu sei il dottore che era al molo, vero?»

Gli risposi di sì, che ero io. Non me lo ricordavo, visito talmente tante persone che non riuscirei mai a memorizzare tutti i loro visi.

«Allora sei una persona importante?»

«Perché me lo chiedi?»

«Perché, se sei una persona importante, forse puoi aiutarmi. Io voglio tornare da mia madre e dalla mia famiglia. Per favore, puoi aiutarmi?»

Mi parlava mentre continuava a singhiozzare. Io non sapevo cosa dirgli. Non era mai accaduto che qualcuno mi chiedesse di tornare indietro e non avevo idea di cosa fare. Mi feci dare il suo nome ma gli spiegai che non avevo alcun potere per rimandarlo in Ghana: ero semplicemente un medico che cura le persone, non un uomo potente. Gli promisi soltanto che avrei parlato di lui con chi si occupava di queste faccende. Lui capì. Ma ci rimase malissimo. Sperava che io potessi aiutarlo. E ci rimasi male anch'io, impotente di fronte a una richiesta di quel tipo. Provai a tranquillizzarlo, presto tutto si sarebbe sistemato. Non ci credette nemmeno per un attimo. Lo lasciai che stava ancora piangendo.

Ragazzi che mostrano le loro debolezze e ragazzi che, invece, combattono la loro battaglia senza arrendersi mai, affrontando le peggiori avversità.

Un giorno in banchina arrivò una motovedetta. Dopo aver fatto sbarcare tutti i migranti, salii a bordo con alcuni operatori perché c'era un giovane che non poteva muoversi. Avrà avuto venticinque anni, non di più. Era paralitico, aveva perso l'uso delle gambe. Ci chiedemmo cosa gli avesse provocato la paralisi e soprattutto come avesse fatto ad affrontare il viaggio in quelle condizioni.

Lo sollevammo di peso per farlo scendere dalla motovedetta con l'intenzione di metterlo su una sedia a rotelle, quando fummo subito interrotti da un urlo alle nostre spalle. «Fermi, fermi!» Era un altro migrante, più giovane, che gridava in inglese e gesticolava per farsi capire da noi: «Lasciatelo stare!».

Ci raggiunse, con una manovra repentina prese il compagno sulle spalle e si mise in fila con gli altri in banchina. Stupito, guardai gli operatori che erano con me, poi chiesi al mediatore culturale di parlargli. Scoprimmo così la loro storia.

I due erano fratelli. Erano partiti insieme dalla Somalia. Mohammed, il più vecchio, era stato ferito nel suo Paese durante uno scontro a fuoco ed era rimasto paralizzato. Nonostante ciò, aveva deciso di scappare per tentare di raggiungere l'Italia con Hassan, il fratello minore.

Hassan aveva portato Mohammed sulle spalle per tutto il viaggio. Insieme avevano attraversato il deserto, erano arrivati in Libia e, infine, si erano imbarcati. Erano stati più volte derisi dai trafficanti di uomini e Hassan aveva anche rischiato di essere ucciso per la sua testardaggine nel non volere abbandonare il fratello disabile, ma non lo aveva lasciato nemmeno per un momento. E non lo voleva lasciare neanche adesso che erano al sicuro. Vivevano praticamente in simbiosi. Hassan era esausto, ma non lo faceva trasparire e anzi consolava Mohammed, che aveva il capo chino sulla sua spalla.

Qualche giorno dopo li rividi mentre aspettavano la nave che li avrebbe portati via da Lampedusa. Sempre nella stessa immutata posizione. Hassan mi guardò e fece un gesto come a dire: «Vedi, dottore, siamo autonomi noi due, non abbiamo bisogno di nessuno».

Mi fermai a guardarli. Era proprio così. Sembravano un tutt'uno, un unico corpo con due teste, un unico essere.

Ripensai alle parole di Martin Luther King, che loro per fortuna parevano smentire: «Abbiamo imparato a volare come gli uccelli, a nuotare come i pesci, ma non abbiamo ancora imparato la semplice arte di vivere insieme come fratelli». Perché Mohammed e Hassan erano la raffigurazione plastica dell'amore fraterno, della dedizione, del sacrificio, del donarsi completamente. Il segno di un altruismo infinito.

Ritorno a Lampedusa

Dopo la laurea io e Rita ci sposammo. A maggio del 1984 nacque Grazia, la nostra prima figlia. Rita è diventata un'ematologa, io un ginecologo. Ma la specializzazione ci è costata tanti sacrifici. Lasciavamo nostra figlia a Ferla dai miei suoceri e la rivedevamo solo nei fine settimana. E spesso da Ferla andavo a Porto Empedocle, percorrendo quelle che erano poco più che mulattiere con una Cinquecento che a me pareva una Ferrari. Lì prendevo la nave per raggiungere Lampedusa dove avevo aperto un piccolo studio. E il giorno dopo tornavo indietro.

La famiglia di Rita era diventata la mia. Mio suocero, Ciccio, possedeva un grande terreno in campagna, molto distante dal centro abitato. Coltivava il grano, allevava mucche e produceva il latte, la ricotta e il formaggio. Ogni anno portava alla fiera i vitelli e li vendeva. Così manteneva la moglie e i figli.

Prima di conoscere Rita, quello era per me un mondo sconosciuto. Imparai ben presto che la vita del contadino, dell'allevatore, non è meno pesante di quella del pescatore. Le mucche bisognava mungerle ogni giorno. Non esistevano domeniche o feste. Tutte le mattine, all'alba, con la luna ancora nel cielo, Ciccio preparava il suo mulo, Bertoldo. Caricava le ceste col cibo che gli cucinava mia suocera e partiva. Quando il tempo era buono impiegava due ore e mezzo per arrivare in campagna. Quando pioveva, invece, il viaggio diventava un'impresa. Sentieri scoscesi e tre valli da attraversare. Ogni santo giorno, anche con la febbre addosso. Ciccio portava con sé un ombrello molto grande per ripararsi dalla pioggia, ma non bastava. Doveva guadare due torrenti che in inverno si ingrossavano e l'acqua penetrava ovunque. Per la stanchezza, a volte, si addormentava sul mulo. Bertoldo, però, conosceva a memoria la strada e lo portava sempre a destinazione.

Quando il gelo lo investiva in pieno, entrandogli nelle ossa, Ciccio tornava a casa con le mani spaccate. Le giunture delle dita aperte e sanguinanti. Mia suocera gli faceva trovare un cucchiaio colmo di olio di oliva. Lui lo scaldava, fino a farlo diventare bollente, e lo faceva colare, lentamente, sulle ferite. Una per una. Così facendo, si procurava delle ustioni profonde che servivano a far cicatrizzare i tagli. Era una pratica dolorosissima e, quando vi si sottoponeva, il suo viso si contraeva in una terribile smorfia di dolore.

Rientrava sempre all'imbrunire e, dopo cena, si buttava sul letto sfinito. Per lui non esistevano svaghi, vacanze, pause: lavoro e nient'altro.

Nel periodo estivo, se non tornavo a Lampedusa, andavo con mio suocero in campagna. Ho imparato così a mietere il grano. Legavamo i covoni, li mettevamo sui muli e li portavamo nell'aia. Il grano che ricavavamo lo portavamo in paese. Una parte la vendevamo e l'altra la conservavamo in un magazzino. Ogni venti giorni, riempivamo dei sacchi e li consegnavamo al *mulinaro* e lui ci portava la farina e la crusca. Quest'ultima mio suocero la utilizzava per dare da mangiare alle galline e agli altri animali. Con la farina, invece, ogni settimana mia suocera preparava il pane nel forno a legna. Imparai anche io a impastarlo e, quando lo sfornavamo, ne tagliavo delle fette grandi e ci versavo sopra l'olio e il sale. Non ho mai più mangiato un pane così buono: ci sentivi dentro l'odore profondo della terra. Imparai a mungere le mucche e persino a fare la ricotta, con un procedimento lungo e complesso. Era un mondo affascinante.

Ciccio però mi riportava coi piedi per terra facendomi capire quanta fatica comportasse tutto ciò.

Quando nella nostra campagna finiva l'erba, bisognava spostare gli animali in un'altra zona, in un grande vallone in mezzo al nulla. Accadeva ogni anno, nello stesso periodo. Era la transumanza. Mio suocero riempiva le ceste con cibo che potesse bastare per un mese. Con Bertoldo andava a prendere le bestie, si metteva in marcia e, dopo un giorno e mezzo, arrivava a destinazione. Non c'era niente nel vallone, nemmeno un capanno. Ciccio dormiva sotto gli alberi circondato dalle mucche, per avere almeno un po' di calore. Solo, senza vedere anima viva. Di giorno, la pelle bruciata dal sole cocente; di notte, i vestiti intrisi di umidità.

Ogni tanto, quando andavo a Ferla nel periodo della transumanza, mi facevo dare da mia suocera del pane fresco e del companatico appena preparato e lo andavo a trovare. Stavo con lui a parlare per delle ore. Era un uomo saggio. Aveva trascorso tutta la sua esistenza a lavorare per consentire una vita decente alla sua famiglia e, in quella famiglia, c'ero anche io. Non mi ha mai considerato un genero: ero il suo terzo figlio e di questo gli sarò per sempre grato.

A Catania eravamo un bel gruppo di medici, brillanti e soprattutto appassionati e motivati. Se fossi rimasto, se avessi avuto altro tempo da dedicare allo studio forse, anch'io, avrei fatto carriera. Loro sono diventati tutti primari. Ma io, di tempo, non ne avevo più. Avevo bisogno di lavorare, di guadagnare. Così tornammo a Siracusa dove avevo trovato un posto in una clinica privata. Poi la scelta. Dura, soprattutto per Rita. Trasferirci a Lampedusa. Dove entrambi avremmo trovato lavoro facilmente.

In realtà, io volevo tornare nella mia isola perché tutto era partito da lì e tutto doveva tornare lì. Perché io volevo essere il medico dei lampedusani. Uno di loro. E perché c'era tanto da progettare, da migliorare, da costruire. Per Rita era diverso. Abituarsi anche solo all'idea dell'isola non era facile. Perché se non ci sei nato fai fatica a comprenderne la dimensione, i tempi, le logiche. Perché Lampedusa è bella d'estate ma in inverno rischia di diventare una gabbia dalla quale vorresti solo scappare. E se ami il cinema, il teatro, la musica, sei costretto a una sorta di esilio intellettuale. E c'era anche un'altra ragione, ben più importante: Rita sapeva benissimo che i nostri figli sarebbero stati condannati, come me, ad andare via, a partire, ancora bambini, per continuare gli studi, a distaccarsi da noi prematuramente. E per lei questa è stata la cosa più difficile da accettare.

Un episodio, in particolare, mi fece sentire il bisogno di tornare «a casa». Era il 15 aprile 1986. In quel periodo lavoravo presso una clinica privata di Catania. Ero di supporto al primario e avevamo appena concluso un parto cesareo. A un certo punto, da dietro il vetro della sala operatoria, vidi lo sguardo preoccupato e carico di ansia di una delle impiegate dell'amministrazione.

Lei mi fece cenno di uscire, chiesi al primario se potessi allontanarmi e la raggiunsi. «Dottore, dev'essere successo qualcosa di grave a Lampedusa» disse. «Venga a vedere, c'è un'edizione straordinaria del Tg1.» Enrico Mentana, che conduceva il telegiornale, stava annunciando: «Secondo quando si è appreso a Roma, una motovedetta libica ha sparato dalla distanza di quattro miglia alcuni colpi contro installazioni di telecomunicazioni attualmente in uso degli americani, che si trovano nell'isola di Lampedusa».

Cominciai a chiamare incessantemente casa, ma la linea era sempre occupata. Finalmente dall'altro capo del telefono arrivò il segnale di libero. A rispondere fu mia madre.

«Mamma, cosa è successo?» chiesi preoccupatissimo.

«Abbiamo sentito un boato,» mi rispose «ma qui non si capisce più niente.»

Presi il primo aereo disponibile e arrivai sull'isola. Non era stata una motovedetta a sparare. Pochi minuti prima delle 17 del 15 aprile, l'allora leader libico Gheddafi aveva ordinato il lancio di due missili per colpire la base Loran della guardia costiera americana. Si trattava di una risposta all'operazione con la quale gli Stati Uniti avevano sferrato un potente attacco aereo contro Tripoli. I missili libici, per fortuna, erano caduti in mare provocando solo tanta paura tra i lampedusani.

Già in quell'occasione il sindaco mi chiese di tornare a Lampedusa e di assumere un impegno istituzionale. Lo feci due anni dopo. Nel 1988 entrai a far parte della giunta comunale. Diventai vicesindaco e assessore alla Sanità. Fu uno dei momenti più intensi della mia vita e fu in quel periodo che a Lampedusa riuscimmo a ottenere prima l'aereoambulanza e poi l'elisoccorso. Fino ad allora c'erano solo una guardia medica e alcuni specialisti che avevano aperto il loro studio professionale privato. Pian piano siamo riusciti ad avviare il nostro poliambulatorio e un pronto soccorso, che allora non avrei mai pensato sarebbe diventato così fondamentale. La mia esperienza di vicesindaco finì dopo cinque anni, ma le mie battaglie per migliorare le strutture sanitarie a Lampedusa e a Linosa continuano.

Grazia aveva due anni e mezzo quando ci trasferimmo a Lampedusa. Rita aveva trovato un posto come direttore di un laboratorio di analisi. Era un'occasione da non perdere e dovevamo fare in fretta. Era l'unico laboratorio sull'isola, i vecchi titolari dovevano tornare ad Agrigento e non poteva esserci soluzione di continuità.

La sera in cui mia moglie comunicò alla famiglia la nostra scelta, sua madre ebbe un sussulto, ma non disse nulla. Dopo qualche minuto, da dietro la porta della sua camera da letto, sentimmo provenire dei singhiozzi. Stava piangendo a dirotto. Le stavamo, le stavo, togliendo una figlia. Non Rita, come si potrebbe pensare: le stavamo portando via Grazia. L'aveva cresciuta lei, nutrita, coccolata, le aveva donato ogni attimo del suo tempo mentre noi eravamo a Catania a studiare, prima, e a Siracusa a lavorare, poi. Le stavamo procurando un dolore troppo forte. Come avrebbe fatto senza la sua *picciridda*, senza la sua bambina?

Il giorno della partenza da Ferla, con la macchina stracarica di bagagli, ci preparammo per salutare tutti. Eravamo in grandissimo ritardo e rischiavamo di non arrivare in tempo a Porto Empedocle per prendere la nave per Lampedusa. «Mamà» chiamò Rita. Silenzio. «*Mamà, è tardu.*» Silenzio. La cercammo ovunque, stanza per stanza, in giardino, per strada. Niente. Se ne era andata via da casa. Non sopportava l'idea di quell'addio. Era come se le avessimo strappato Grazia dalle braccia. Partimmo senza poterla salutare. Per Rita il viaggio verso Porto Empedocle fu una tragedia. Piangeva in silenzio per non spaventare Grazia. Stava lasciando, per sempre, il suo paese, le sue origini, la sua famiglia.

Mia moglie conosceva benissimo Lampedusa: da fidanzati ci eravamo stati più volte a trovare i miei. Quando la nave attraccò al porto fu inondata da una tristezza profonda. Trovammo ad accoglierci tutta la mia famiglia, ma lei sembrava un'altra persona. Gli occhi spenti, la voce bassa. Le mie sorelle si preoccuparono. «Che succede, Rita. Stai male, il viaggio è stato brutto?» Lei non riusciva nemmeno a rispondere.

Il trasferimento avvenne d'estate e con noi partì una coppia di amici catanesi per trascorrere a Lampedusa le vacanze. Quando si avvicinò il momento di andare via, Rita iniziò a chiedere loro quasi in modo ossessivo: «Tornate, vero? Non ci lasciate qui da soli. Non è lontana Lampedusa. Che ci vuole. Basta prendere l'aereo...». Era un modo per autoconvincersi che non eravamo poi così fuori dal mondo.

Le domeniche d'inverno, ogni tanto, Rita mi chiedeva di fare una passeggiata con l'auto. Arrivavamo a Capo Ponente. Poi andavamo a Cala Francese. E, ancora, a Capo Grecale. E poi, basta. Non potevi andare da nessun'altra parte.

Potevi fare dieci volte il giro dell'isola, ma quella era. A Rita si stringeva il cuore e io me ne accorgevo. In quei momenti, mi pentivo di averla costretta a trasferirsi lì. E lo sguardo le si spegneva ancora di più quando prendevamo l'aereo per tornare a casa dalla Sicilia dopo una visita ai suoi. Appena all'orizzonte compariva l'isola, le sembrava un fazzoletto di terra troppo piccolo.

L'unico vero svago era il lavoro. Gestire il laboratorio, però, fu da subito molto pesante. Allora non era come adesso. I prelievi andavano analizzati a uno a uno. Ci volevano giorni interi prima di avere i risultati e non era un'operazione semplice. Rita si sentiva ancora più in colpa di quando eravamo a Siracusa. Trascorreva con Grazia troppo poco tempo e questo le pesava moltissimo.

Poi, un sabato mattina, la vita tornò a sorriderle. Stava stendendo il bucato quando squillò il telefono. Era sua madre. «Rita, tuo padre ormai è in pensione, abbiamo pensato di trasferirci anche noi lì, se ti va bene. Così con Grazia posso stare io e tu vai a lavorare più tranquilla.» Mia moglie fece un salto che sembrava avesse vinto alla lotteria. Iniziò a ballare per casa. Rideva e piangeva contemporaneamente. Finalmente si sarebbe sentita un po' meno sola.

La felicità, però, non durò molto e accadde ciò che Rita aveva pronosticato prima di adottare la scelta più drastica della nostra vita.

Grazia era andata a scuola un anno prima del tempo. Aveva fatto, come si diceva allora, la primina. Quando compì dodici anni e mezzo, l'incubo di mia moglie si materializzò. Nostra figlia avrebbe dovuto lasciarci per andare a frequentare le scuole superiori a Palermo. Quando Rita e io l'accompagnammo nel collegio gestito dalle suore, Grazia cominciò a piangere e sua madre appresso a lei. Stanze enormi dove le studentesse dormivano tutte insieme. Un ambiente poco caloroso, anzi, molto freddo. Un educandato nel senso puro del termine.

Grazia non voleva rimanerci. «Mamma, portami via da qui, voglio tornare a casa!» Fu un dramma. La lasciammo che avevamo tutti e tre le lacrime agli occhi e Rita continuò a piangere per quindici giorni. Non appena rientrava dal lavoro iniziava a piangere e non smetteva e, più sentiva Grazia al telefono, più piangeva. I primi tempi rivedevamo nostra figlia ogni due mesi. Poi, solo a Pasqua, a Natale e in estate.

Era un tormento. Il primo. Perché dopo quattro anni toccò a Rosanna, la nostra secondogenita, compiere la stessa scelta. E dopo altri quattro anni anche a Giacomo, il nostro unico figlio maschio. Ogni volta la separazione era uno strazio. «Non ho più lacrime» mi disse un giorno Rita. «Le ho versate tutte.»

Una volta all'anno, però, la gioia tornava a prevalere. Di solito accadeva per la festa di San Sebastiano, il patrono di Ferla. Con i miei suoceri organizzavamo la partenza da Lampedusa per tornare al paese. Per l'evento anche mio cognato, il fratello di Rita, lasciava Siracusa e raggiungeva la casa materna. Stavamo tutti insieme per alcuni giorni.

Mia suocera si metteva ai fornelli come ai vecchi tempi ed era come fare un viaggio nel passato. Trascorrevamo giornate bellissime a scherzare, parlare, giocare. Grandi e piccoli. I pensieri volavano via e restava solo la gioia di essere finalmente uniti. In quei momenti ripensavo a quanto Ferla avesse significato per me, per noi.

Ciò che capisce un sindaco e non i «grandi» della terra

«Dottore, c'è una donna incinta a bordo e ha le doglie.» Corsi in banchina e la portammo subito al poliambulatorio. La visitai e non ebbi dubbi. Dovevamo trasferirla a Palermo in elicottero. Non eravamo in grado di affrontare le possibili complicanze di un parto che si presentava più che problematico. Con la donna c'erano il marito e altri sette figli. Le spiegai che non potevano andare via tutti insieme, che l'indomani l'avrebbero raggiunta, ma che lei ora doveva partire subito altrimenti avrebbe perso il bambino e così messo a repentaglio la sua vita. Non ne volle sapere. Mi spiegò che, dopo tutto quello che avevano vissuto, non si sarebbe mai separata dai suoi figli, a nessun costo. Nemmeno il marito riuscì a convincerla. La sua determinazione era sconvolgente. Non sapevamo che fare e non avevamo più tempo. Rischiavamo che ci morisse tra le mani.

Attivai tutti i canali che conoscevo. L'elicottero non bastava. Erano in troppi per salirci al completo. Nella mia testa vedevo i granelli di sabbia di una clessidra scorrere velocemente. Quando già disperavo di riuscire a risolvere il problema, la soluzione arrivò inaspettata: li avrebbe trasportati un aereo militare messo a disposizione dal ministero dell'Interno. Quella donna aveva vinto. La sua testardaggine le aveva consentito di conquistare l'obiettivo. Nessuno avrebbe più diviso la sua famiglia. Mi abbracciò e mise da parte la sua durezza apparente regalandomi un sorriso di gratitudine.

Non dividere le famiglie che arrivano, ma anzi riuscire a riunire quelle separate, è uno dei nostri obiettivi.

Qualche tempo dopo questo episodio, ricevetti una telefonata. Era il sindaco di un piccolo paese delle Madonie, Geraci Siculo. Per una sorta di scherzo del destino ha per nome il mio cognome. «Sono Bartolo Vienna,» mi disse «mi scusi se la disturbo, ma solo lei può aiutarmi.» Fu l'inizio di un'amicizia che continua ancora adesso, legata a un lieto fine tutt'altro che scontato.

Ventiquattro siriani, uomini, donne e bambini, tutti della stessa grande famiglia, erano riusciti a imbarcarsi insieme in Libia. Arrivati al largo, al momento del trasbordo dalla nave madre sui barconi più piccoli, gli scafisti ne avevano fatti salire solo una parte. Non c'era abbastanza spazio. Gli altri erano stati riportati in Libia. Tra loro una bambina, che era stata separata a forza dai suoi genitori. Per fortuna, con lei c'era uno zio.

Il primo gruppo, che era riuscito a continuare il viaggio, era stato intercettato da una nave della Marina militare, portato a Pozzallo in provincia di Ragusa e poi trasferito a Geraci in un centro per richiedenti asilo. Lì, dopo qualche giorno, i genitori che erano stati divisi dalla figlia avevano raccontato la loro storia al sindaco. Una storia che, fra l'altro, era stata segnata da una doppia beffa: non solo non avevano più la bimba con loro, ma nella nave della Marina erano stati tutti derubati dei pochi averi che possedevano. Una vicenda incresciosa che ha avuto un seguito giudiziario e che ha scatenato l'indignazione di tutti i militari che ogni giorno fanno sempre più fatica a salvare vite umane in mezzo al mare.

Lo zio che aveva con sé la bambina era fortunatamente riuscito a contattarli con un telefono cellulare per avvertirli che erano stati portati a Lampedusa. Bartolo Vienna, venuto a conoscenza di questa storia, aveva cercato un contatto sull'isola e gli avevano dato il mio. Mi recai subito al centro di accoglienza e cominciai a cercarli. Non fu semplice perché in quei giorni nella struttura erano ospitati centinaia di profughi. I siriani erano stati sistemati sotto alcuni tendoni montati sotto gli alberi perché all'interno non c'era più posto. Con l'aiuto del mediatore culturale spiegai il motivo della mia visita e descrissi la bambina. La trovai e, non senza difficoltà, riuscimmo a creare un ponte virtuale tra Lampedusa e Geraci e a far ricongiungere la famiglia. Il loro Paese, mi disse dopo qualche mese Bartolo Vienna, è l'Olanda, almeno per adesso. Perché la loro speranza più grande è che la guerra finisca presto per tornare a casa, in Siria. E, come loro, lo vogliono migliaia di famiglie, migliaia di medici, architetti, ingegneri, insegnanti, operai, studenti. Profughi. Questo loro sono.

Lo ha ben capito il sindaco di un piccolo paesino come Geraci Siculo, che quel giorno ha cercato in tutti i modi di aiutare una famiglia in difficoltà; ci è riuscito e continua a sentirli, a informarsi su come stanno e come vivono. Pare che non lo abbiano invece capito i «grandi» della terra.

Quando ho visto le immagini dei respingimenti, delle migliaia di persone ricacciate indietro senza pietà, rispedite in quell'inferno da cui sono arrivate, ho pianto di rabbia. Come si può decidere del destino di migliaia di vite umane con una semplice firma su un foglio e subito dopo avere anche il coraggio di posare sorridenti davanti a fotografi e cameraman? Cosa siamo diventati? Come abbiamo fatto a perdere la memoria in questo modo?

«Te la sei cercata»

Erano in cinquecento. In uno sbarco solo. Cominciai a visitarli in banchina. Scabbia. Ce l'avevano quasi tutti. Perché quando prima di imbarcarti sei costretto a vivere per mesi in Libia in luridi capannoni, a dormire in pagliericci con coperte piene di acari e pidocchi, questo è il minimo che ti possa succedere. Acari che si insinuano nella pelle scavando solchi e ti costringono a grattarti senza sosta, soprattutto la notte. E più ti gratti, più le lesioni diventano profonde e si infettano, aggiungendo dolore a dolore.

Capita spesso di trovare casi di scabbia, ma stavolta erano davvero in tanti ad averla. Tra loro, una coppia di giovani eritrei. Non avevo mai visto una forma di scabbia così devastante. Avevano le mani che sembravano coperte di squame e si grattavano in continuazione, non riuscivano a smettere, torturando la pelle quasi non fosse la loro. Li portammo tutti al centro di accoglienza, dove vennero sottoposti a un trattamento fortissimo e poi un altro e il giorno successivo un altro ancora, con il benzoato di benzile, una miscela che funziona perfettamente ma che va dosata con grande attenzione. Avevo stabilito io le dosi e stavo rischiando perché erano davvero elevate, però non potevamo fare altrimenti, l'infezione era profonda e dovevamo debellarla.

La nostra è una continua assunzione di responsabilità e chi fa il mestiere di medico senza accettarne anche i rischi è meglio se rinuncia. Non esistono scorciatoie, bisogna avere grande lucidità per decidere come e quando intervenire e, una volta presa la decisione, indietro non si torna.

Due giorni dopo mi recai al centro per controllare se il trattamento avesse fatto effetto. Mentre perdevo tempo all'ingresso per il rituale del riconoscimento e della consegna dei documenti, da lontano vidi un ragazzo e una ragazza venire verso di me. Quando mi raggiunsero, il ragazzo mi si inginocchiò davanti per ringraziarmi e, piangendo, mi baciava le mani. Io non capivo perché. «Alzati, cosa stai facendo?»

«Finalmente, dopo sette anni di calvario, io e mia moglie abbiamo riposato, siamo riusciti a dormire.» Era la coppia eritrea con la pelle squamata.

«Nessuno ha pietà di questa gente» pensai. «Nemmeno gli acari.» Li abbracciai entrambi e me ne andai. Il trattamento aveva funzionato, non avevo bisogno di altre conferme.

«Pietro, corri subito in bagno.» La voce preoccupata di Rita un giorno mi svegliò mentre ero sdraiato sul divano. Ero stato a lungo in banchina per l'ennesimo sbarco ed ero passato da casa per riposare un poco. Mi trovavo in uno stato di dormiveglia e alle sue parole saltai in aria. «La bambina perde sangue con le feci.» Ebbi un tuffo al cuore. Rosanna, la mia secondogenita, è nata con una cardiopatia, è stata operata quando aveva soltanto pochi mesi ed è sempre stata la più protetta, per lei stavamo in ansia anche solo per una banale influenza. Prendemmo il primo aereo per Palermo e la portammo in ospedale. La ricoverarono, le fecero diversi esami ma non riuscirono a capire a cosa fosse dovuta quella perdita di sangue.

Altro aereo, altra destinazione: stavolta Roma, con l'apprensione che cresceva sempre di più. La ricoverammo in un noto ospedale pediatrico. Niente. Non riuscivano a venirne a capo. Quindici giorni senza nemmeno l'ombra di una diagnosi. Nostra figlia allora aveva cinque anni. Gli specialisti brancolavano nel buio. Poi a me e Rita venne un dubbio. Parlai col medico dell'ospedale e gli chiesi di fare analizzare le feci della bambina, ma lui mi rispose che non era necessario, che dovevo stare tranquillo e che, prima o poi, avrebbero trovato la soluzione. Non c'è peggiore cosa di essere medico tra i medici e di sentirti impotente mentre tua figlia deperisce e non si riprende.

Riuscii a convincere un'infermiera a darmi di nascosto un vasetto di raccolta. Presi un campione di feci di Rosanna e andai in un laboratorio che si occupava di malattie tropicali. Trovai una dottoressa molto gentile. «Me lo lasci» mi disse. «Le telefonerò quando avrò i risultati.» Non ebbi nemmeno il tempo di scendere a piedi tre piani di scale. Appena fuori dal portone, mi sentii chiamare dal balcone: «Dottore, risalga subito». Rifeci le scale in un baleno, col cuore in gola.

Mi portò nella stanza in cui trattavano i vetrini e mi fece avvicinare a un microscopio. «Guardi bene. Vede questa specie di batuffolo di cotone? Questa è la giardia.» Sapevo bene cosa fosse la giardia, l'avevo studiata all'università: è un parassita che si attacca all'intestino. Per questo mia figlia perdeva sangue. Con Rita avevamo visto giusto. Il nostro dubbio era fondato. Quasi certamente io l'avevo presa durante uno degli sbarchi, ma in me non si era manifestata e invece l'avevo trasmessa a Rosanna. In alcuni dei Paesi di provenienza dei migranti la giardia è molto comune perché si riproduce nelle acque contaminate.

Ringraziai la collega e tornai di corsa in ospedale, e mentre camminavo mi sentivo felice. Avevamo trovato la causa di quelle emorragie, e soprattutto non era nulla di grave. Diedi la notizia a Rita e l'abbracciai forte. Poi mi avvicinai al letto in cui nostra figlia stava giocando, ignara di tutto, e la inondai di baci come se non la vedessi da un secolo. All'improvviso ci sentimmo sollevati e leggeri come non mai. E l'indomani tornammo a casa con in tasca la cura.

Rosanna si riprese velocemente e quei venti giorni diventarono solo un brutto ricordo ma, quando raccontavo quello che era accaduto ad amici e conoscenti, ogni tanto percepivo in loro uno strano atteggiamento. Quasi pensassero: «Te la sei cercata», «Chi te lo fa fare di occuparti ogni giorno di chi potrebbe trasmetterti infezioni e malattie?». Ed è un atteggiamento che purtroppo ho visto maturare in tante persone allorché gli sbarchi sono diventati sempre più numerosi, complice anche un'informazione a volte poco attenta, se non superficiale. Mamme spaventate che non vogliono mandare i figli in scuole prossime a strutture che ospitano i profughi, o che addirittura si ribellano perché nelle stesse loro classi il pomeriggio si fa lezione ai migranti.

Tutto questo non è eticamente accettabile. Oltre che stupido. È vero, i casi di scabbia sono frequenti, ma li risolviamo ancor prima che i migranti siano trasferiti dalle strutture di prima accoglienza. E se guardiamo ai numeri, gli episodi di tubercolosi o altre malattie infettive sono davvero rari. Basta far bene il proprio mestiere di medico, prendere in tempo i casi più gravi per evitare il contagio. Tutto qui. Esattamente come avviene per i pazienti italiani. Non possiamo e non dobbiamo farci condizionare dalla paura, dobbiamo aprire le nostre porte, le nostre case. Io e Rita lo abbiamo fatto una volta e lo rifaremmo ancora.

Omar che non si ferma mai

Era il 2011. Eravamo in piena Primavera araba ma da noi la primavera non era ancora arrivata. Nonostante fosse marzo, a Lampedusa faceva molto freddo. In pochi giorni sbarcarono più di settemila migranti. In banchina il gelo entrava nelle ossa. L'ambulanza faceva avanti e indietro dal poliambulatorio senza sosta. Lavoravamo giorno e notte. La maggior parte dei profughi giungeva dalla Tunisia. Li trovavamo ovunque: nelle spiagge, nelle calette, nelle campagne. Un giorno mi arrivò una segnalazione dall'Isola dei conigli. Un gruppo era riuscito a sbarcare e si era dileguato. Sotto una barca, però, c'era un ragazzo, Omar. Stava malissimo, era disidratato, deperito, aveva la febbre talmente alta da provocargli le convulsioni.

Lo portai subito al poliambulatorio. Gli mettemmo una flebo per reidratarlo, ma non bastava. Era troppo debole. Chiamai l'elisoccorso e lo mandammo a Palermo in ospedale. Ci vollero dieci giorni per rimetterlo in piedi. Ma invece di scappare, di andare in Germania, in Francia, in Olanda, Omar decise di tornare a Lampedusa. Ricordo come fosse oggi quando andai a prenderlo al porto. Sembrava un altro. Aveva ritrovato la forza e la bellezza dei suoi diciassette anni.

Una famiglia di lampedusani mi diede la disponibilità ad accoglierlo. Dopo qualche mese, però, il capofamiglia mi chiamò: «Pietro, mi spiace, ma non possiamo tenerlo con noi. In questo periodo le cose non vanno bene e non riusciamo nemmeno a mantenere i nostri figli. Non ce la facciamo». Con Rita decidemmo allora di ospitare Omar a casa nostra. Restò con noi per qualche mese, ma non voleva pesare sulle nostre spalle, desiderava rendersi autonomo, così chiamammo alcuni nostri amici a Roma. E lì è riuscito a diplomarsi e a diventare mediatore culturale.

Dopo quasi un anno, Omar tornò a Lampedusa e trovò lavoro nel centro di accoglienza. Era molto bravo, e poi parlava diverse lingue. Il problema, però, era che non riusciva a rispettare l'autorità. Non riusciva a smettere di stare dall'altra parte, dalla parte dei migranti; di chi, come lui, aveva sofferto tanto. Non riusciva a sopportare nemmeno il minimo sgarbo, il minimo errore commesso da chi si trova nel difficile ruolo di gestire una struttura complessa e con tanti problemi. In qualche occasione fu proprio lui a mettersi a capo della rivolta di chi chiedeva solo un pasto o una coperta in più. O di chi semplicemente voleva lasciare Lampedusa per andare a cercare la propria strada.

Fui chiamato più volte dal direttore: «Se continua così lo licenziamo» mi diceva. Io provavo a spiegare a Omar che doveva accettare la gerarchia, che doveva capire le difficoltà della gestione di migliaia di persone, ma lui mi rispondeva senza esitazioni: «Tu lo sai cosa si prova? Sei mai stato lì dentro dalla parte di chi è costretto a esservi ospitato? Io non posso accettare anche solo il minimo comportamento prevaricatore. Capiscimi, ti prego». Lo capivo, però non potevo dargli ragione. Avrei peggiorato le cose. E anche Rita cercava di convincerlo.

Dopo quasi due anni Omar si licenziò. Era così rimasto senza un lavoro e voleva andare via da Lampedusa per cercarne un altro, perché doveva guadagnare. La sua storia famigliare la conoscemmo solo dopo qualche tempo. Omar era orfano ed era stato adottato da un'umile famiglia che viveva in un paesino poco distante da Sfax, in Tunisia. La mamma adottiva lo adorava e lui avrebbe dato qualsiasi cosa per lei. Un giorno la donna scoprì di avere un cancro al seno. Le cure erano troppo costose e non poteva permettersele. Per questo Omar aveva deciso di partire, per raggiungere l'Italia e cercare un lavoro che gli consentisse di guadagnare e mandare i soldi a casa. E lo faceva davvero. Per sé teneva solo pochi euro, tutto il resto lo metteva in una busta e lo inviava alla sorella per far curare la madre.

Un giorno, nel periodo in cui Omar abitava con noi, da Sfax arrivò una lettera. Ebbe subito un presentimento. Non volle nemmeno aprirla. La lasciò sul tavolo e scappò fuori a piangere. Fu Rita ad aprirla. Il presagio era giusto: sua madre era morta, le cure non erano servite. Mia moglie lo raggiunse fuori e lo strinse forte a sé. Lo fece sedere accanto a lei sulla sabbia e cominciò ad accarezzargli la testa, quasi come stesse tenendo in braccio un bambino. A poco a poco i singhiozzi cessarono. Omar si era addormentato tra le braccia di Rita. A diciannove anni aveva trovato una nuova madre ma ancora oggi, quando parla della sua mamma tunisina, non riesce a trattenere le lacrime.

Omar ha vissuto con noi a lungo, ma non è mai riuscito a frenare la sua irrequietezza. Gli trovammo un posto a Mineo, nel centro per richiedenti asilo. Fu peggio che a Lampedusa. Non tollerava le angherie e l'atteggiamento spesso superficiale e poco comprensivo di alcuni operatori. Anche da Mineo mi arrivavano continue telefonate: «Dottor Bartolo, se continua così saremo costretti a mandarlo via». Io li pregavo di avere pazienza anche se mi rendevo conto che era inutile: Omar non avrebbe mai potuto essere accondiscendente perché non ha mai dimenticato quello che ha vissuto.

Lui può stare solo dalla parte di chi si trova rinchiuso in un centro dal quale vorrebbe scappare perché ha l'urgenza di andare via, di trovare un lavoro, di mandare i soldi a casa o di riuscire a garantire una vita normale alla propria famiglia. Lasciata Mineo, Omar è tornato nuovamente da noi per qualche tempo. Poi ha deciso di raggiungere la Germania. Un giorno lo hanno fermato. Non era un clandestino, aveva perfino il permesso di soggiorno. Ma per l'Italia, non per la Germania. E lo hanno cacciato. Stessa cosa in Finlandia. Buttato fuori. Unione europea. Quale Unione europea? Quella dei confini e dei muri, non quella dei popoli. Malta, la Svezia, il suo è un continuo peregrinare alla ricerca di un lavoro, ma soprattutto di una nuova identità, di una vita non più segnata da lutti e rabbia. Omar, lo so, continuerà a tornare da noi tante e tante volte, e noi non riusciremo mai a ingabbiarlo.

La crudeltà dell'uomo

Se i muri del poliambulatorio potessero parlare racconterebbero un libro già letto, del quale ci siamo dimenticati troppo presto. Nel 2015 sono stato invitato in Polonia per ricevere il premio «Sérgio Vieira de Mello» e mi sono permesso di ricordare la storia di Elie Wiesel, che lui stesso racconta nell'opera autobiografica *La notte*. La sua esperienza di deportato nei campi di concentramento di Auschwitz, Buna e Buchenwald, dove perde la propria identità e diviene solo un numero. «Mai dimenticherò» scrive «quella notte, la prima notte nel campo che ha fatto della mia vita una lunga notte e per sette volte sprangata. Mai dimenticherò quel fumo. Mai dimenticherò i piccoli volti dei bambini di cui avevo visto i corpi trasformarsi in volute di fumo sotto un cielo muto.»

Citai queste righe perché non erano così lontane dalla nostra realtà.

Una volta, durante uno sbarco, visitai una sessantina di ragazzi. Erano pelle e ossa. Disidratati, affamati e ustionati dal carburante che durante il tragitto in mare fuoriesce dalle taniche inzuppando i vestiti e lasciando sul corpo segni indelebili. Navigavano da sette giorni in quella che chiamano «terza classe», la stiva dove viene stipato chi non ha abbastanza soldi per permettersi di stare sopra. I loro corpi erano sfregiati dalle torture subite, dai tagli inferti con i coltelli, dalle bruciature provocate dalle sigarette dei loro carcerieri. Le prigioni libiche sono i nuovi campi di concentramento. Le condizioni in cui viaggiano nel deserto e nel mare i migranti non sono tanto dissimili da quelle dei deportati nei treni della morte. E chi oggi vuole erigere muri e respingere i profughi non si comporta tanto diversamente da quei collaboratori di Hitler che la filosofa Hannah Harendt definì «uomini banali». Chi lascia morire in mare migliaia di bambini o consente che vivano in condizioni disumane nei campi profughi di confine non esprime meno crudeltà di loro.

A rafforzare questa mia convinzione sono stati due incontri importanti. Il primo è avvenuto a Lampedusa, nei locali del poliambulatorio, diventato sempre più luogo di confronto e incontro, oltre che di cura. Eravamo a metà del 2014. Jarosław Mikołajewski, reporter e poeta polacco, si presentò nella mia stanza. Cominciai a parlargli senza nemmeno sapere perché. A raccontare, a esprimere la mia indignazione per quello che era accaduto il 3 ottobre dell'anno precedente e che stava continuando ad accadere. Lo feci senza omettere nulla. Volevo che portasse nel suo Paese un po' di quell'indignazione, ma non era l'unica ragione.

Sentii una sintonia, un'empatia, che non riuscivo a spiegarmi: lo conoscevo da appena mezz'ora. «Tutti e due» mi scrisse tempo dopo «nonostante diverse origini ed esperienze, abbiamo l'istinto nudo e inerme di fratellanza. La sicurezza di essere noi gli uomini negli altri uomini e di portare gli altri dentro di noi.»

Quando nell'ottobre 2015 andai a Cracovia per ricevere il premio de Mello, Jarosław mi portò in giro per i bar della città. Entrammo in quello più famoso, Alchimia, nel quartiere ebraico di Kazimierz. Bevemmo vodka. Era un'atmosfera surreale. Per la prima volta mi trovavo in una dimensione sospesa, senza telefonate, senza le continue richieste di correre in banchina. Il tempo si era improvvisamente fermato. Ed era stato lui a fermarlo.

A Cracovia avvenne il secondo incontro. A fissarlo era stato proprio Jarosław. All'albergo Austeria, centro del mondo ebraico, sedemmo a un tavolo con Leopold Kozłowski, l'ultimo klezmer. Musicista, compositore, cantante, che Steven Spielberg volle nel suo film su Oscar Schindler.

Jarosław spiegò a Kozłowski chi fossi e che mestiere facessi. Il musicista mi fissò e poi anche lui, preso dalla stessa empatia, iniziò a confessarmi cose di cui – mi disse Jarosław – parlava solo a chi riconosceva come compagno di umanità. Mi raccontò di aver trovato, durante l'occupazione nazista, sua madre con la testa tagliata. Di aver visto l'intero quartiere di Cracovia morto. Di aver perso tutti. «E quando dico tutti» sottolineò con fermezza «significa tutti. Tutti quanti.» Parlò di come per due anni, durante la guerra, avesse suonato accompagnando i condannati a morte nell'estremo cammino, nei campi di concentramento. Di come fosse stato costretto a subire sevizie dai nazisti dovendo, contemporaneamente, suonare per loro. Di come la musica lo avesse, più e più volte, salvato da morte certa. Un racconto struggente e terribile arrivava da quell'uomo di novantasei anni, piccolo e possente nello stesso tempo.

«Pietro guarda il vecchio klezmer» scrisse Jarosław in una cronaca privata per fissare il ricordo di quel momento. «Anzi, il klezmer non vecchio ma antico come il popolo eletto per l'eterno dolore. La faccia del dottore si fa come quella di Giovanni Paolo II alla vigilia della morte, che dalla loggia in piazza San Pietro voleva, senza riuscirci, fare un saluto al mondo. Leopold si alza e stringe la mano a Pietro, ed è ovvio che si riconosceranno, da questa stretta di mano, anche nel tempo dopo il tempo.»

Qualche volta la crudeltà, purtroppo, arriva anche da chi meno te lo aspetti. Un giorno sulla banchina di Lampedusa sono arrivati in duecentocinquanta. Stavano tutti bene e dovevano essere trasferiti al centro di accoglienza con i pullman. Poco dopo, con la coda dell'occhio mi sono accorto che due militari stavano caricando due migranti su una camionetta. Due ragazzi subsahariani magri e sfiniti dal viaggio. Quando la camionetta è partita si è però diretta verso l'aeroporto e non, come doveva, verso il centro. Ho chiamato il medico che era con me, siamo saliti sulla mia Vespa e abbiamo cominciato a seguirli. A un certo punto la camionetta si è fermata in mezzo alla campagna, i due militari palestrati hanno fatto scendere i loro passeggeri e hanno iniziato a picchiarli. Così, senza motivo. Calci, pugni, una violenza gratuita e assurda. Ho accelerato più che potevo e li abbiamo raggiunti.

«Cosa state facendo, bastardi e vigliacchi?» ho gridato con la rabbia che mi montava dentro. «Lasciateli stare subito!»

I due probabilmente erano giunti a Lampedusa da pochi giorni e non avevano idea di chi fossi. «Chi è lei, cosa vuole? Ci dia le sue generalità.»

«Chi siete voi e come vi permettete di fare quello che state facendo!»

La tensione cresceva sempre di più in una scena che sembrava quasi da film western. Anche perché non si erano accorti della mia presenza e non si aspettavano la mia reazione.

«Ci segua in caserma.»

«Siete voi che dovete seguirmi, perché in caserma ci vado io e voi due non la passerete liscia.»

Siamo arrivati in caserma quasi contemporaneamente. Il maresciallo, stupito, mi è corso incontro, abbracciandomi: «Dottore Bartolo, cosa ci fa qui?».

I due militari dietro di me, vista la scena, hanno capito che per loro si metteva male. Ho raccontato per filo e per segno ciò che era successo, con la voce più che alterata dall'ira che continuava a crescermi dentro. «Comandante, o questi due spariscono da Lampedusa nel giro di poche ore o vi scateno contro tutta la stampa mondiale e facciamo ridere l'Italia intera. Io mi ammazzo per salvare più persone possibili e loro riducono questi due ragazzi in condizioni pietose.

Gonfi come due zampogne. Cos'hanno nel cervello!» Ero una belva. I due militari non sapevano più a cosa aggrapparsi per difendere il loro gesto squadrista. Il maresciallo, visibilmente imbarazzato, senza dire una parola fulminò i suoi uomini con uno sguardo.

Il giorno dopo sono stati trasferiti altrove e nell'isola non hanno mai più rimesso piede. Ma se non me ne fossi accorto, se non li avessi raggiunti in tempo, non so come sarebbe finita. Non solo: comportandosi in quel modo vergognoso, hanno rischiato di minare la credibilità di centinaia di loro colleghi che ogni giorno svolgono con grande professionalità e umanità un ruolo importantissimo e delicatissimo.

Il profumo di casa

Quando ero bambino ero molto magro. Pelle e ossa. Mio padre era preoccupato. «*Picchì un manci, figghiu miu?*» mi diceva. «Perché non mangi?»

Ogni sera a cena era una battaglia. Il cibo per me era peggio di una medicina. Buttavo giù i bocconi come fossero pillole amare. Mio padre sedeva a capotavola e io accanto a lui. Ero un «sorvegliato speciale» e a ogni mio tentennamento si arrabbiava moltissimo e capitava anche che si mordesse la lingua sino a farla sanguinare. Allora io capivo che non dovevo fare storie e ingurgitavo qualsiasi cosa avessi nel piatto. Se invece lo portavo all'esasperazione, lui sferrava un pugno sul tavolo, sempre nello stesso punto. Tanto che, a un certo momento, nello spazio tra il mio e il suo posto si formò una conca. E quando, ormai adulto, tornavo a casa, ogni volta che il mio sguardo si posava in quel punto mi veniva da sorridere.

Mio padre non era cattivo, solo molto preoccupato. Ero troppo gracile e quindi soggetto ad ammalarmi spesso.

Allora si pensava che bere il sangue degli animali appena ammazzati facesse bene perché contiene ferro e vitamine. Avevo sette anni e mi ricordo che gli animali da macellare arrivavano da Linosa ancora vivi. Sulla nave li imbracavano in un telo e poi con una gru li trasferivano su una lancia. Quando arrivavano a terra gli uomini li legavano con una corda, che passavano intorno alla testa e a una zampa così da non farli scappare. I poveretti si buttavano per terra e non volevano camminare più, quasi sapessero che era il loro ultimo viaggio, che erano destinati al macello. Allora, per farli rialzare, gli attorcigliavano la coda o gli avvicinavano una fiamma sotto il sedere.

Mio padre insisteva perché bevessi il sangue appena sgorgato dal collo di un animale, ragione per cui ogni volta ero costretto ad assistere a vere e proprie esecuzioni. Infilavano la corda con cui l'animale era legato nel buco di un pilastro per non farlo muovere. Poi il macellaio, con una freddezza che mi faceva venire i brividi, gli tagliava la gola e il sangue cominciava a uscire a fiotti. Altri due uomini saltavano addosso alla povera bestia premendone la pancia e il sangue usciva sempre più copioso, riempiendo bicchieri che io e altri bambini, considerati come me troppo gracili, eravamo costretti a bere. Mi faceva veramente schifo, mi venivano i conati di vomito ma non potevo sottrarmi. Scoprii poi, da grande, che questo tormento era inutile, che non serviva a nulla.

Un pomeriggio mio padre portò a casa un maialino. Costruii un piccolo recinto per lui. Lo avevo chiamato Pinuzzo e tutti i giorni gli portavo da mangiare. Lo vedevo crescere e, quando mi avvicinavo, lui mi faceva festa, mi riconosceva da lontano, quasi fosse un cagnolino. Per farlo mangiare andavo a raccogliere il pane duro, le bucce delle verdure e tutto quello che trovavo. Era diventato il mio passatempo.

Un giorno papà disse che era arrivato il momento di ammazzarlo. Io non volevo. Mi opposi con tutta la mia forza. Quando lo portarono via verso il macello, iniziai a piangere a dirotto. E anche Pinuzzo grugniva disperato perché aveva capito che era arrivata la sua fine. La sera a cena mi rifiutai di mangiarne la carne. Per me era un amico, non una bestia.

Quel gesto poteva costarmi una punizione pesantissima. A casa nostra rifiutare il cibo non era consentito perché tutto ciò che mia madre riusciva a portare in tavola era frutto di sacrifici. Ma anche lei e le mie sorelle fecero lo stesso. Era un'insubordinazione a tutti gli effetti. Allora mi arrabbiai ancora di più. «Perché lo avete fatto ammazzare se nemmeno lo volevate mangiare? Era come un cane, era il mio amico.» Qualche decennio dopo proprio Pinuzzo mi avrebbe aiutato a capire come comportarmi coerentemente con questo insegnamento.

Una sera salii sulla *Protector*, una nave militare inglese attraccata al molo commerciale. A bordo c'erano duecento migranti. Toccava a me dare il nullaosta per lo sbarco.

Sulla scaletta c'era una ragazza sudanese molto giovane che aveva con sé un trasportino. Le chiesi cosa ci fosse dentro e lei mi mostrò un gatto nero con una striscia bianca sulla testa. Le spiegai che non potevamo farlo scendere a meno che non avesse con sé la documentazione che ne attestasse le vaccinazioni, soprattutto quella contro la rabbia. Ovviamente non aveva alcun certificato. Dovevamo perciò tenere il gatto in quarantena, poi glielo avremmo restituito.

Sama, questo era il suo nome, cominciò a piangere e ad agitarsi fino allo spasimo. Riuscii a calmarla e le promisi che lo avremmo trattato bene e che lo avrebbe riavuto al più presto. Si calmò e la trasferimmo al centro di accoglienza. Tornai dunque a recuperare il gatto, ma nel trasportino non c'era più. Il comandante si era irritato non poco per quella che gli sembrava una complicazione inutile e lo aveva liberato.

Pensando alla reazione della ragazza, cominciai a cercarlo insieme con i vigili del fuoco in tutta la nave facendo crescere l'irritazione del comandante che voleva salpare al più presto. Infine trovammo il gatto, lo affidammo a Eletta, una ragazza che si occupa di animali, e lo comunicammo al servizio veterinario di Palermo.

Andai al centro d'accoglienza e riferii tutto a Sama. «Devi avere pazienza» le dissi. «Ci vorrà qualche giorno per sistemare le cose, ma tu domani devi partire da Lampedusa, non puoi rimanere.» Era disperata. Il gatto era come un fratello per lei e aveva dovuto lottare per riuscire a portarlo con sé nel lungo viaggio. Ma noi non potevamo fare altrimenti. Le diedi il mio numero di telefono personale e la rassicurai. Le avrei riconsegnato il gatto, a tutti i costi. Provò subito a comporre il mio numero e, appena accertò che rispondevo, che non le avevo detto una menzogna, si rasserenò. Qualche giorno dopo mi chiamò. Voleva sapere se il gatto stesse bene e continuò a farlo durante i sei mesi di quarantena. Mi chiedeva notizie e mi comunicava i suoi spostamenti perché sapessi dove riconsegnarglielo. Capii che non avrebbe mai rinunciato a lui.

Fu Eletta a riportare il gatto a Sama, in Germania. Volò a Berlino e poi in treno giunse nel piccolo paese dove la ragazza si era trasferita. Bussò alla porta della casa dove ora abitava e l'accolsero in lacrime, quasi stessero per riabbracciare un figlio. «È stato meglio così,» le confessò Sama «non sarei riuscita a proteggerlo.» Sama e la sua famiglia avevano viaggiato a lungo dopo Lampedusa. Arrivati a Ventimiglia avevano dormito per due mesi in strada. Le maglie ancora non erano così strette ed erano riusciti a varcare il confine. Non avevano parenti in Europa ma qualcuno aveva consigliato loro di provare a raggiungere la Germania, e così avevano fatto. Adesso vivevano in una casa messa a disposizione da un'associazione di volontariato ed erano in attesa del riconoscimento dello status di rifugiato politico. I ragazzi erano tornati a scuola e all'università.

«Ho aperto il trasportino e il gatto è saltato subito addosso a Sama» mi raccontò Eletta al ritorno. «All'inizio avevo pensato di rimanere con loro almeno quella notte, ma ho cambiato subito idea e sono rientrata a Berlino. Mi sentivo un'intrusa in quella famiglia che, per la prima volta dopo molto tempo, era tornata alla normalità della vita precedente, che un giorno aveva dovuto abbandonare contro il suo stesso volere.»

E a far sentire loro di nuovo, veramente, il profumo di casa era stato un gatto.

Il cimitero delle barche

Un'estate arrivò sull'isola una grande nave con a bordo il presidente della Repubblica Giovanni Leone. Lo portai in giro in barca per una settimana e, quando tornavo a terra, mi sentivo importante per quest'opportunità. Anche perché Leone era affascinato dalla bellezza di Lampedusa e ogni giorno mi chiedeva di mostrargli scorci nuovi, panorami di una bellezza struggente e spiagge cristalline incuneate in aree selvagge e isolate.

Era una persona alla mano e scherzavamo tanto anche sul nome della barca, *La Pilacchiera*, che gli sembrava assai curioso. Ma non gli confessai che si chiamava così perché era sempre piena di *pilacchi*, scarafaggi con le ali.

Sulla *Pilacchiera* spesso capitava che prendessimo a bordo turisti e sub e, quando portavamo qualcosa da mangiare, dovevamo stare attenti perché i *pilacchi* divoravano tutto. A volte, invece, li prendevamo a bordo dei *trabiccoli*, detti anche «*saccalleva*», che andavano a vela e senza motore. A un certo punto però gli armatori decisero di dismetterli perché erano troppo vecchi e superati dalle nuove imbarcazioni. Li misero a secco a Cala Palme, la spiaggia che sta dentro il porto, accatastati uno sull'altro. Erano bellissimi e presto diventarono il nostro parco giochi. A poppa, in mezzo alla sabbia, costruivamo le nostre *nache* con le corde attaccate a cinque-sei metri di altezza e ci *annacavamo*, ci dondolavamo.

Un giorno, però, l'amministrazione decise che i *trabiccoli* lì non potevano più stare. Davano fastidio perché erano troppo ingombranti. Anche se eravamo soltanto dei ragazzi, ci dispiacque molto perché capivamo che stavano distruggendo un pezzo della nostra storia. Avevano assicurato da mangiare a tutta l'isola, ma ormai erano solo dei relitti da smaltire; inoltre, a Lampedusa non c'era legna e quei relitti per tanti erano oro, una vera manna dal cielo.

Ironia, diedero proprio a noi il compito di distruggerle. Staccavamo le assi una per una, pezzo dopo pezzo e, come formiche in fila, uno dietro l'altro, le portavamo a un fornaio che le utilizzava per panificare. *La Pilacchiera* e i *trabiccoli* erano diventati legna da ardere e mi metteva una grande tristezza vederli bruciare lentamente dentro un forno e diventare cenere. L'unica consolazione era che riuscivamo a ricavarci almeno qualche soldo. Ed eravamo così ingegnosi che, quando la cenere veniva spalata via dai forni e ammucchiata all'esterno del panificio, noi ci ficcavamo dentro i cumuli a rovistare per recuperare qualcosa di più prezioso: i chiodi di rame con cui le assi venivano fissate al fasciame delle barche. Era quello il vero oro, e a volte facevamo anche a botte per recuperare qualche chiodo in più. Poi andavamo a venderli a un vecchio che riciclava tutto e che ci pagava bene, molto più del fornaio a cui portavamo la legna.

Quando diventai adulto pensai all'errore che i nostri padri avevano commesso. Avremmo dovuto conservare almeno qualcuna di quelle imbarcazioni e costruire un museo della memoria per raccontare la nostra storia. E ancora oggi stiamo commettendo lo stesso errore. A Lampedusa, in un'area vicina al campetto di calcio, altre barche sono accatastate una sull'altra. Sono i relitti dei migranti, i barconi sui quali sono state compiute le traversate. Barconi che raccontano le storie dei salvataggi e delle morti in mare. Lo chiamano il «cimitero delle barche». Un cimitero colorato, blu, turchese, bianco, assi sulle quali campeggiano i nomi in arabo scelti da chi quelle barche le aveva comprate per pescare, per vivere e non per far morire la gente. Anche quel cimitero quasi certamente sarà smantellato. Non c'è più posto e i barconi dei profughi sono ingombranti come lo erano i nostri *trabiccoli*. Sopravvivranno solo gli oggetti abbandonati a bordo: i salvagente, le scarpe, i vestiti che un gruppo di ragazzi lampedusani ha recuperato per farne, stavolta sì, un museo.

La generosità delle onde

Mia mamma era lampedusana ma, con la sua famiglia, poverissima, aveva vissuto per un lungo periodo in Tunisia, a Susa. Quando tornarono a Lampedusa aveva diciassette anni. Fu allora che mio padre la conobbe e se ne innamorò. Anche la sua era una famiglia povera, tuttavia mio padre era un uomo che non si arrendeva mai e aveva voglia di migliorare la sua condizione. Per questo decise di azzardare, di rischiare quel poco che aveva guadagnato e messo da parte facendo il pescatore sulle barche altrui per far costruire il *Kennedy*.

Come socio prese zio Chilinu, Nicola, fratello di mia madre. Era nato a Susa ma dopo il ritorno sull'isola non vi aveva più messo piede. Lo zio era una persona straordinaria, sorrideva sempre e non capivi mai se scherzava o parlava seriamente. Era diventato un bravo pescatore e, quando non si imbarcava sul *Kennedy*, andava a pesca a traina con la palamita, la lunga lenza con tanti ami. Aveva una piccola barchetta che si chiamava *Pietro*, come me.

Un giorno io e mio padre tornammo a casa e trovammo la mamma in lacrime. Zio Chilinu era andato a pescare con la sua barca e non era rientrato. Uscimmo subito per andare a cercarlo e con noi vennero tutti i pescatori di Lampedusa. C'è una cosa che forse non è comprensibile se non si è nati su un'isola lontana da ogni terra come noi: lasciare qualcuno, chiunque esso sia, in balia delle onde non è ammesso, non è nemmeno pensabile. È la legge del mare e nessuno può violarla. Ed è tanto forte che quando la legislazione italiana proibì di prendere a bordo i migranti, i pescatori si rifiutarono di obbedire e per questo finirono più volte sotto processo. Lo zio Chilinu andammo dunque a cercarlo tutti insieme. Dividemmo lo specchio d'acqua in zone e ci spingemmo oltre le venticinque miglia. Niente. Fu una ricerca vana. Intervennero i mezzi della Marina, gli elicotteri. Nulla. Non lo trovavamo. Si facevano le ipotesi più assurde: che la barca fosse affondata o che fosse stata sequestrata. Dalla guardia costiera partì un dispaccio a tutte le capitanerie del Mediterraneo. Intanto a casa nostra le speranze di ritrovarlo, vivo o morto, erano svanite.

Dopo quindici giorni il telefono della capitaneria squillò. Era la guardia marina di Susa che aveva trovato dentro il porto una piccola barca con un cadavere a bordo. Io, mio padre e altri marinai ci imbarcammo sul *Kennedy* e partimmo alla volta di Susa. Arrivati in porto andammo a vedere la barca: era proprio la sua. Lo zio Chilinu era stato portato in una sorta di camera mortuaria. Sul suo viso mi parve avesse un sorriso quasi beffardo.

Il giorno dopo caricammo il suo corpo sul *Kennedy* e lo riportammo a Lampedusa. Era nato a Susa ed era andato a morire a Susa. Ci spiegarono che, mentre stava pescando, doveva aver avuto un infarto. La barca, col motore acceso, aveva continuato a navigare fino a che, forse per uno scherzo del destino, era arrivata fino in Tunisia, quasi volesse riconsegnare il suo passeggero alla sua terra. E allora, forse, sbagliammo noi a riportarlo indietro.

Anche nel cuore di mia mamma la Tunisia aveva un posto speciale. Da Susa aveva portato con sé un oggetto per lei preziosissimo, che utilizzava e custodiva con la massima cura. Una couscoussiera verde di terracotta smaltata. Era come se fosse lo scrigno in cui serbava tutti i suoi ricordi. Ricordi che riaffioravano a uno a uno, in sequenza, nelle lunghe ore che impiegava a preparare il suo piatto più buono: il cous cous, appunto.

Mi piaceva, e tanto, guardarla mentre lo cucinava.

Prendeva una grande pentola con l'acqua bollente e vi poggiava sopra la couscoussiera, foderando con dell'impasto di pane lo spazio tra i due contenitori. Per non perdere nemmeno un po' di vapore. Poi, metteva la semola su una tavola di legno e cominciava a lavorarla, a *incocciarla*. Era il passaggio più complicato. Mia mamma era una donna imponente e forte, ma aveva delle bellissime mani. Immergeva le sue lunghe dita nella semola e la lavorava, quasi accarezzandola. Sembrava un'artista che modella la sua opera e mentre lo faceva capivi che la sua mente viaggiava, tra i ricordi e i profumi della sua infanzia.

Quando la semola era sgranata alla perfezione, la metteva nella couscoussiera e preparava il brodo con i pesci che le portava mio padre. E siccome nella nostra tavola il pesce era l'alimento dominante, per dare un tocco diverso alla sua creazione la guarniva con le verdure del nostro orto. Alla fine, era un tripudio di colori e di gusto. Io, che detestavo il cibo, adoravo quella pietanza così complessa e semplice nello stesso tempo. Un piatto che da sempre unisce i popoli delle due sponde del Mediterraneo.

Di fronte a noi abitava una famiglia più povera della nostra. Ancora oggi, ripensandoci, vedo mia madre che, con il grembiule addosso, prende un grande piatto di ceramica, lo riempie di cous cous, attraversa la strada e lo porge col sorriso sulle labbra alla sua vicina e amica. Perché, anche se si era poveri, si condivideva quel poco che si aveva, ci si aiutava, non esistevano egoismi e barriere.

A Lampedusa c'è un ristorante la cui cuoca riesce a replicare perfettamente il cous cous di mia mamma e ogni volta che lo mangio mi sembra di tornare bambino. Improvvisamente, tutti i miei ricordi affiorano impetuosi, come affioravano quelli di mia madre mentre lo cucinava. La cuoca è mia sorella Caterina, che ha saputo raccogliere un testimone importante ed è riuscita a preservare un piccolo pezzo di memoria familiare.

Anche le altre mie sorelle sono ottime cuoche e da mia mamma hanno preso l'inventiva nel mettere in tavola il pesce.

Eravamo stufi di mangiarne e la poveretta non sapeva più cosa escogitare per farlo sembrare altro. Un giorno si presentò a tavola con un bellissimo polpettone. Ripieno di uova, mortadella, formaggio. «Finalmente!» esclamammo in coro. «Almeno stasera niente pesce.» Lo mangiammo con gusto, come se fosse una prelibatezza unica. A fine cena mia mamma ci guardò tutti e chiese: «*Vi piacìu?*». E noi tutti: «*Sì, mamà: finalmente a carni*».

Lei sorrise: «*No... u purpittuni fattu cu pisci era*». Aveva tritato il pesce come fosse del macinato di carne. Era riuscita, ancora una volta, a stupirci.

Il turista fuori stagione

Un giorno al poliambulatorio si presentò un signore molto distinto. Occhiali spessi neri. Un turista fuori tempo, pensai, visto che non eravamo in estate. Mi chiese di visitarlo perché si sentiva poco bene e pensava di avere un problema respiratorio. Gli dissi che doveva rivolgersi al pronto soccorso e che io in quel momento non potevo visitarlo perché stavo svolgendo attività amministrativa. Insistette in un modo che un po' mi infastidì, ma accettai. Lo visitai e gli prescrissi la terapia.

Poi cominciò a farmi delle domande e allora iniziai a insospettirmi. A quel punto lui capì che stava tirando troppo la corda. «Sono Gianfranco Rosi,» mi disse «e faccio il regista.» Ero mortificato. Conoscevo bene il suo nome, avevo visto il documentario *Sacro Gra*, con cui aveva vinto il Leone d'oro a Venezia. Mi scusai e lui mi spiegò che era sull'isola perché cercava un'ispirazione per girare un film e non riusciva a trovarla. Forse anche perché in quel periodo il centro di accoglienza era chiuso per ristrutturazione.

Rosi sarebbe partito l'indomani. Capii che non potevo lasciarlo andare. Da anni cercavo qualcuno che raccontasse quanto accadeva a Lampedusa. Ero stato intervistato da decine e decine di televisioni di tutto il mondo, ma c'era bisogno di qualcosa che restasse, che lasciasse il segno. Perché dopo la messa in onda le interviste volano via, non restano nella testa e nel cuore della gente. Tutto finisce nel dimenticatoio. Oggi tutto viene consumato con una velocità incredibile: una tragedia lascia subito il posto a un'altra, una notizia vive, bene che vada, pochi giorni. Pensai: «Stavolta abbiamo il cinema, chissà che non riusciamo a lanciare un messaggio più profondo». Ma Rosi mi spiegò che non poteva girare un film del quale non vedeva nemmeno un pallido incipit.

Lo implorai di ripensarci e gli consegnai una *pen drive* che tengo sempre con me e non ho mai dato a nessuno. «Qui ci sono venticinque anni della mia vita» gli dissi. «C'è un racconto di dolore e sofferenza.» Aggiunsi, però, che avrebbe dovuto restituirmela perché per me era troppo preziosa. Lui la prese, mi ringraziò e uscì.

Quando passarono il giorno dopo e anche il successivo, pensai che non avrei mai più rivisto né Rosi né tantomeno la mia chiavetta. Ma non fu così: dopo tre giorni tornò. In realtà, alla fine, non era partito. «Ho visto quello che c'è nella penna» mi disse. «Il film lo faccio.» Ero felice. «La chiavetta però la tengo io. Le prometto che la custodirò bene e che gliela restituirò.»

È stato l'inizio di un'avventura. Nessuno sull'isola si è accorto che Rosi stava girando un film. Niente attrezzature, nessun camion di scena. Niente ciak. Girava con una piccola telecamera che sembrava quasi amatoriale. Anch'io pensavo stesse facendo delle prove e invece stava girando. Ogni tanto veniva da me al poliambulatorio a salutarmi e così siamo diventati amici. Una volta mi chiese il permesso di filmare mentre stavo facendo un'ecografia a una ragazza incinta che era sbarcata poche ore prima. Un'altra mi filmò mentre stavo visitando Samuele, un ragazzino lampedusano vivacissimo. Tutti gli chiedevamo: «Gianfranco, ma quando lo giri questo film?». Lui non rispondeva.

Poi un giorno venne e mi disse che aveva finito il film. Non potevo crederci, perché tutto era stato fatto senza clamore, senza turbare la vita dell'isola. Mi restituì la penna, e io la inserii nel computer per controllare che fosse a posto e che nulla fosse stato modificato. Appena la aprii, comparve la scena di un peschereccio carico di migranti. «Raccontamela» mi sollecitò Rosi, e io cominciai a parlare, a raccontare, a spiegargli che chi viaggiava sopra era come se avesse acquistato un biglietto di prima classe e che invece la stiva, l'inferno senza aria e senza spazio, era la terza classe per quanti non potevano permettersi di stare sul ponte. Quella è diventata una delle scene portanti di *Fuocoammare*. Così ha chiamato il film, con l'esclamazione che ripetevano i lampedusani quando, nel 1943, la nave italiana *Maddalena* venne bombardata e prese fuoco nel porto. Un'esclamazione che alla fine è diventata canzone popolare.

Dopo qualche mese ricevetti una telefonata. Erano i produttori del film. «Dottor Bartolo, dovrebbe venire a Roma perché dobbiamo partire per Berlino. La pellicola di Rosi è stata selezionata al Festival del cinema e siamo tra i primi venti.» Non avevo la più pallida idea di cosa ci fosse nel film. Mi dissero anche di portare mia moglie, perché era un evento importante. Ricordo che quando con Rita scendemmo dalla limousine con la quale erano venuti a prenderci in albergo e ci ritrovammo sul tappeto rosso insieme con i grandi attori pensammo: «Ma che ci facciamo qui?».

Per la prima volta, finalmente, vidi *Fuocoammare*. Fu un pugno nello stomaco. Rimasi inchiodato alla poltrona per l'emozione ma, soprattutto, all'uscita dalla sala non riuscii a smettere nemmeno per un istante di pensare a ciò che avevo visto. Non era un documentario: era una trama intessuta con pazienza e raccontata sottovoce, con una forza straordinaria e con una lentezza che non lascia scampo. Le scene si erano impresse nella mia mente nitide, sequenza dopo sequenza. Immagini che all'apparenza potevano sembrare simili a tante e tante altre viste, in questi anni, a ripetizione. Ma il modo con cui Rosi le aveva girate, senza filtri, senza possibili intermediazioni, le aveva rese uniche e potentissime. Ce l'aveva fatta, e in parte ce l'avevo fatta anche io perché era quello che volevo: che finalmente arrivasse dappertutto un messaggio crudo, ma chiaro e inequivocabile, che smontasse falsità e ipocrisie. Che servisse a smuovere coscienze e a svegliare dal torpore.

Quella notte in albergo Rita dovette scuotermi più volte. Piangevo nel sonno e sudavo freddo. Stavo infatti rivivendo uno dei miei peggiori incubi.

Era il 31 luglio 2011. Mi trovavo, come sempre, al molo Favaloro. C'erano stati tanti sbarchi durante il pomeriggio. Intorno alle nove di sera arrivò una barca di circa dodici metri con duecentocinquanta persone. Salii a bordo con un giovane medico e iniziai a visitarle, facendole poi scendere a una a una. Molti piangevano e si disperavano, altri lasciavano che le lacrime scorressero senza emettere un suono, ma tutti erano distrutti, come annientati, e noi non riuscivamo a capire perché. Non c'erano malati gravi e nemmeno morti. Gli ultimi che scesero dal barcone mi dissero che nella stiva c'era qualche problema, e nient'altro.

Si era fatta quasi notte e la barca era ormai vuota. Presi il telefono cellulare e aprii la botola che portava in quella che, in realtà, era una ghiacciaia per conservare il pesce. La botola era strettissima, ci entravo appena e faticai a passare. Appena misi il piede per terra mi accorsi che c'era qualcosa di morbido e irregolare. Una sensazione stranissima. Tastai ancora un po' il fondo, mi sembrava di camminare su dei cuscini. Era troppo buio e accesi la torcia del telefonino per riuscire a vedere nell'oscurità più totale. Un tanfo insopportabile intanto mi riempì le narici.

Con la luce della torcia illuminai il pavimento e mi ritrovai davanti a un'immagine atroce e raccapricciante. Il pavimento era lastricato di corpi. Stavo camminando sui morti, tanti morti. Tutti giovanissimi. Una scena agghiacciante, orrore puro. Nudi, uno sopra l'altro, alcuni sembravano abbracciati. Non riuscivo a credere che fosse reale. Le pareti della stiva erano graffiate e grondanti di sangue. E le dita di quei poveri ragazzi non avevano più le unghie. Mi sembrava di essere in un girone dell'inferno dantesco.

Uscii subito fuori e iniziai a vomitare. Ero sconcertato, stravolto, devastato. Dissi a chi era in banchina cosa c'era nella stiva e nessuno riusciva a crederci. Poi un vigile del fuoco vi scese al posto mio e iniziò a sollevare a uno a uno i corpi. Li legava con una corda e noi li tiravamo su.

Li adagiammo sulla banchina. Molti di loro avevano la testa e le mani piene di fratture. Erano stati presi a bastonate. I sopravvissuti erano fratelli, sorelle, amici di coloro che erano stati massacrati nella stiva. Per questo piangevano e si disperavano. Gli scafisti li avevano minacciati intimando loro di non parlare, ma quando la polizia cominciò a interrogarli raccontarono la storia di quell'orrore.

Quando si erano imbarcati in Libia i primi cinquanta erano stati costretti a scendere nella stiva. Erano i più giovani e i più magri, quelli che potevano facilmente passare attraverso la botola. Altri duecentocinquanta erano in coperta. La barca era stracolma. Nella stiva la poca aria arrivava da un piccolo oblò e il patto era che, appena fuori dal porto, anche chi era sotto sarebbe salito su. Venticinque erano riusciti a passare di sopra, ma la barca aveva cominciato ad avere problemi di stabilità e quindi agli altri era stato impedito di abbandonare la ghiacciaia. Non respiravano e gridavano e provavano a salire, ma gli scafisti li picchiavano con i bastoni e li ricacciavano giù. A un certo punto, disperati, avevano cominciato a spingere tutti insieme per fuggire da quella maledetta trappola e nemmeno le bastonate riuscivano a ricacciarli giù. Purtroppo, però, la violenza umana non conosce limiti. Gli scafisti avevano scardinato la porta della cabina, l'avevano fissata sopra il boccaporto e vi si erano seduti sopra. Niente più aria, niente più vita.

Un quarto d'ora. Tanto c'era voluto per annientare venticinque vite. Un quarto d'ora in cui quei poveri ragazzi avevano tentato in ogni modo di sopravvivere. Un quarto d'ora che a loro sarà sembrato un secolo.

Quando feci le ispezioni cadaveriche capii il motivo per cui le pareti della stiva erano piene di sangue: a un certo punto tutti insieme avevano provato a scardinare a mani nude le assi della stiva fino a sanguinare, fino a non avere più unghie, fino a ridurre le dita a carne viva e sotto la pelle avere frammenti di legno. Per giorni non pensai ad altro. Ero sconvolto. Avevo camminato sui loro corpi, li avevo oltraggiati senza rendermene conto. Non riuscivo a darmi pace. I graffi sulle assi, le ossa massacrate, il sangue ovunque. Nella mia mente scorreva tutto come se stessi vedendo un film horror.

Immaginavo questi giovani urlare disperati. Pure i vestiti si erano tolti, cercando di sopravvivere in un ambiente senza più aria e senza più luce. E immaginavo le loro mani già doloranti per le fratture che cercavano di scavare nel legno. Cinquanta mani insanguinate. Venticinque bocche urlanti. E, sopra, gli altri: che ascoltavano quanto stava accadendo e dovevano rimanere impassibili e fingere di non sentire le voci imploranti di quelli che ormai erano come topi in una gabbia mortale. Quando pensavo ai bastardi che avevano provocato tutto questo mi montava dentro una rabbia cieca.

Nell'incubo di quella notte berlinese la rabbia venne fuori con forza. Mi svegliai in preda all'angoscia. Ero in un bagno di sudore.

L'indomani mattina io e Rita tornammo a Roma. Lei rientrò a Lampedusa, io no perché poteva succedere che ci richiamassero a Berlino. E così fu. Dopo qualche giorno ci dissero di tornare. La sera del verdetto, il 20 febbraio 2016, io e Gianfranco Rosi eravamo seduti accanto. Ogni volta che veniva assegnato un premio tremavamo. Sesto classificato, quinto, quarto, terzo, ogni nome pronunciato sul palco per noi era un sussulto. Quando scandirono il nome del secondo classificato saltammo in aria. Eravamo primi. Avevamo vinto l'Orso d'oro. Non riuscivamo a crederci. *Fuocoammare* aveva conquistato i giurati. Non smetterò mai di ricordare le parole di Meryl Streep: «Questo è un film urgente, visionario, necessario». Il lavoro di venticinque anni scorreva nella mia mente impetuoso e quella sera rischiai un altro ictus.

La gioia, però, durò poco. Perché se è vero che da allora abbiamo portato ovunque il nostro messaggio, è anche vero che chi doveva recepirlo concretamente non lo ha fatto. Un susseguirsi di chiusure, barriere, muri spesso invalicabili. Confini serrati, menti e cuori sbarrati. Senza alcuna pietà. Nessuna attenzione nemmeno alle parole di papa Francesco pronunciate a Lesbo: «La più grande tragedia umanitaria dopo la Seconda guerra mondiale». Nessuna considerazione neppure per il gesto di portare simbolicamente in Vaticano tre famiglie di profughi.

Ho incontrato il pontefice subito dopo quella visita, in udienza privata, e ho letto nei suoi occhi la mia stessa tristezza e consapevolezza di trovarci di fronte a muri di gomma indistruttibili e respingenti. Di combattere una battaglia senza speranza contro chi vuole eliminare il problema semplicemente cancellandolo. Quel giorno tremavo per l'emozione ma mi ero raccomandato di stare calmo perché a Lampedusa, quando era venuto in visita poco prima del naufragio del 3 ottobre, mi era mancato il fiato. Quando sono arrivato davanti a lui non ho più retto e mi sono messo a piangere. Gli ho detto: «Santo Padre, aiutaci. Aiuta noi di Lampedusa a non vedere più morti. Andiamoli a prendere in Libia. Non consentiamo più che tutto questo accada». Mi ha donato un rosario, una coroncina che da allora porto sempre con me. Poi ha parlato di quanta sofferenza aveva visto a Lesbo, l'altra Lampedusa.

A Lampedusa *Fuocoammare* è arrivato dopo due mesi, il 16 aprile. Una proiezione bellissima e davvero eccezionale, visto che di cinema sull'isola non ne abbiamo. Io e Gianfranco Rosi eravamo tesissimi perché temevamo il giudizio dei lampedusani, che potessero sentirsi turbati dal racconto. E invece così non è stato e, pur con qualche critica alla fine, anche da noi il messaggio è passato.

Ma il momento più bello di quella giornata straordinaria per me è stato un altro. La Rai voleva donare qualcosa all'isola, che non fosse necessariamente legato ai migranti. Ho chiesto in dono degli strumenti musicali per il centro dei ragazzi disabili. Spesso nei momenti di gioco strimpellavano sui tasti di pianole di plastica, giocattoli e nulla più. Quando hanno tolto dalle scatole una vera tastiera, una chitarra e una fisarmonica rossa fiammante loro hanno iniziato a suonarle come se non avessero mai fatto altro. Erano felici e con noi, nel salone del centro, c'era mezza isola a festeggiare. Vedere la gioia negli occhi di Rosalba, Celestina, Franco, Salvatore è stato struggente. Mancava solo un ragazzo, Claudio, a cui sono molto affezionato. A festa quasi finita, e quando ormai disperavo di vederlo, è arrivato. Mi ha abbracciato tremando, quindi ha preso la fisarmonica e ha iniziato anche lui a suonare. All'inizio non trovava i tasti e stentava. Ma è stato solo un attimo, poi la musica ha iniziato a venire fuori quasi come per magia. È stato uno spettacolo meraviglioso. Tutti suonavano, cantavano e ballavano.

Ero di nuovo a casa ed era il giorno più bello di tutti quei mesi di grandi tensioni ed emozioni. Era il mio *red carpet*, quello su cui scorreva la vita vera.

Il regalo più bello

Egregio dottore Bartolo, quello che lei disse in trasmissione da Fazio mi ha colpita e ferita. Io c'ero durante la seconda guerra mondiale e nel mio paese era ben operosa la Resistenza. Io e il mio fratellino fummo costretti ad assistere alla fucilazione di diciotto ragazzi. Ho tardato tanto a spedire perché non ero convinta, ma oggi ho deciso. Troverà inseriti 50 euro. Per favore, sono per una scatola di biscotti a un bimbo salvato. Da parte di una ultravecchia nonna italiana. Scusi il mio sfogo. La benedico e le dico GRAZIE per tutto, C.

Guardando i suoi occhi in televisione mi sono commossa, ho pensato a quanto dolore e disperazione hanno visto. Vorrei stringerle le mani e abbracciarla con tutto l'affetto possibile. Finché ci sono persone come lei al mondo c'è speranza di vita. Vorrei tanto conoscerla di persona ma siamo lontani anche se con il cuore sono con lei. Un abbraccio, M.

Ho ascoltato attenta le sue parole, dettate dal suo cuore, su gente come noi, con mani, gambe, occhi, bocca, cuore, meno fortunata ma come noi. Di bimbi, di donne e uomini, delle loro pene atroci impensabili oggi, afflitte loro non da Dio ma da persone che umane non sono. Ho provato invidia della sua generosità, sentendomi improvvisamente inutile. Tanta comprensione, solidarietà, sensibilità. Sono orgogliosa, profondamente grata, per questo suo disinteressato amore che regala ogni giorno a questa disamorata umanità, A.

Sono solo alcune delle lettere che ho ricevuto dal 3 ottobre 2013, vale a dire dalla data che ha reso per la prima volta tangibile il peso di una delle più grandi tragedie di questo secolo.

A scrivere spesso sono persone anziane, che continuano a tutelare e preservare la memoria. Ma a volte succede qualcosa che mi sorprende e mi riempie ancora più di gioia. Come quando ricevetti la lettera della preside di una scuola elementare di Pisa. I suoi studenti erano arrivati primi al concorso nazionale «L'Eroe mai cantato», dedicato alle «persone speciali» che non compariranno mai sui libri di storia ma che con il loro esempio hanno tanto da insegnare. Avevano vinto cinquemila euro e, siccome avevano sentito parlare dei tanti bambini salvati e accolti a Lampedusa, avevano deciso di utilizzare il premio per comprare giocattoli da donare a chi era meno fortunato di loro. Un'invasione: scatoloni e scatoloni pieni di peluche, costruzioni, giochi di ogni tipo. E anche «l'Eroe» di quell'anno, il partigiano ultranovantenne Athos Mazzanti, aveva scelto di donare il suo premio per la stessa causa.

Molti di quei doni li abbiamo portati al centro di accoglienza. Altri li abbiamo tenuti per la ludoteca del poliambulatorio. E la cosa più bella, stavolta, era che quel gesto proveniva proprio dai bambini. Che non si erano limitati a destinare i soldi per acquistare i giocattoli, ma li avevano anche confezionati a uno a uno e in ogni pacchetto avevano inserito una dedica, un pensiero in italiano e in inglese. «Cari bambini,» era scritto in una letterina «avete lasciato i vostri Paesi per cercare in Europa un mondo diverso, un mondo migliore. Tocca a noi giovani modificare questo mondo seguendo gli uomini e le donne che sanno donarsi con coerenza e generosità.» Tra i regali ce n'era anche uno per me. Scartarlo fu emozionante e adesso lo custodisco gelosamente.

Dopo qualche giorno dall'arrivo dei doni ci fu uno sbarco con centinaia di migranti e tra loro più di cinquanta bambini. Presi i giocattoli, li caricai in auto e andai al centro di accoglienza. Ma i piccoli non c'erano più. Erano in troppi e li avevano trasferiti subito in aereo. Dapprima rimasi deluso, ma poi pensai che era meglio così. Avevano superato un'altra tappa del loro viaggio.

Stavo andandomene quando mi sentii chiamare da un operatore del centro. «*Duttu', duttu', ci nni su dui nichi, i voli vidiri?*» «Dottore sono rimasti due bambini piccoli, li vuole vedere?» Tornai indietro. Erano un maschietto e una femminuccia bellissimi. Rimasi a giocare con loro per ore.

Tanti bimbi e tante mamme c'erano, invece, l'8 maggio 2016, una splendida domenica di sole. Con i miei collaboratori riempimmo i bagagliai delle nostre macchine di giocattoli ed entrammo al centro. Con me avevo anche il vassoio di dolci comprati con i cinquanta euro della nonnina che mi aveva scritto una delle lettere. Fu un momento di grande gioia. Mai Festa della mamma ebbe una valenza così forte.

I giocattoli che tengo al poliambulatorio li consegno ai bambini ogni volta che arrivano. Apriamo insieme i pacchetti, poi li faccio spostare nella ludoteca e così si tranquillizzano mentre io visito le loro mamme. E quando è il momento di andarsene, per convincerli a lasciare quel luogo colorato e accogliente dal quale ora non vorrebbero staccarsi, diciamo loro che possono prendere quello che vogliono. E la cosa più bella è che si limitano a prendere uno o al massimo due giocattoli. Non di più. Come se volessero rispettare quel posto che ospiterà altri bambini dopo di loro.

Braccia di giganti

Giacomo è il più piccolo dei miei figli. Quando Rita rimase incinta per la prima volta, lo dissi subito a mio padre. Era felice perché ero l'unico dei suoi eredi che potesse tramandare il suo cognome, visto che mio fratello Mimmo di figli non avrebbe mai potuto averne e poi aveva solo femmine. «*A facisti, l'ecografia?*» mi chiedeva in continuazione, sperando che gli annunciassi che si trattava di un maschio. Quando seppe che era una femmina ci rimase un po' male, ma era contento lo stesso.

Con la seconda gravidanza la sua speranza crebbe e quando, pure questa volta, scoprimmo che era una bambina, lui rimase di nuovo deluso. Anche perché Rita aveva dovuto affrontare due tagli cesarei e una terza gravidanza sarebbe stata rischiosa.

Dopo qualche anno, però, mia moglie rimase di nuovo incinta. Stavolta tutti desideravamo il maschietto.

Una mattina d'estate, Rita era alla decima settimana di gravidanza, avevo deciso di andare a pescare. Ero particolarmente stanco e stressato, e la pesca è una delle poche cose che mi rilassa davvero. La mia barca, il mio mare e il silenzio, tanto silenzio intorno. È un modo per far defluire i pensieri, per ritrovare un po' di serenità. Ancora oggi, quando esco da una notte carica di preoccupazioni, di incubi, pescare è il mio antidoto contro la fatica e la depressione.

Mi spinsi quindi a circa quaranta miglia da Lampedusa

e iniziai la mia battuta. I pesci venivano su che era un piacere. A un certo punto, da un altro peschereccio che si trovava a venti miglia, mi arriva una chiamata. Con la radio di bordo mi comunicano che mio zio Ignazio mi sta cercando dalla sua barca. In pratica, il peschereccio sta facendo da ponte tra me e lui, perché siamo troppo distanti. La comunicazione è chiarissima: devo rientrare subito a casa perché Rita sta malissimo.

Avviai il motore alla massima potenza e invertii la rotta. Due ore. Tanto impiegai. Due ore terribili. Mia moglie aveva bisogno di me e io non c'ero. Non pensavo ad altro. Temevo per il bambino, ma soprattutto per lei. Se avessi perduto Rita sarebbe stata la fine. È la mia metà, il mio alter ego, non potrei vivere senza di lei.

Arrivato in porto, abbandonai la barca con tutto ciò che c'era dentro senza nemmeno assicurare la cima alla bitta. A casa, trovai Rita sdraiata sul letto. Perdeva sangue. Aveva abortito. Fu un colpo enorme. Era un'altra femminuccia. Ci recammo in ospedale a Palermo e, mentre i medici la portavano in sala operatoria, pensai che l'unica cosa davvero importante era che mia moglie si salvasse.

Poi, la decisione. Non avremmo avuto altri figli. Avevamo già due splendide bambine, non volevamo più correre rischi.

Trascorse ancora del tempo e un giorno Rita mi comunicò di essere di nuovo incinta. Un figlio è una grazia di Dio e naturalmente eravamo contenti. La mia unica preoccupazione era che mia moglie e la creatura che portava in grembo stessero bene. Maschio, femmina, non mi importava più dopo tutto ciò che avevamo vissuto.

Quando poi, però, abbiamo scoperto che era un maschietto, tutti e due non stavamo nella pelle per la gioia e anche Grazia e Rosanna erano felici: finalmente il fratellino tanto atteso. Avrei voluto uscire dalla stanza dell'ecografia e correre subito da mio padre per dirglielo. Per comunicargli che sarebbe nato Giacomo Bartolo, il nipote maschio che aveva atteso per tanti anni. Purtroppo, però, lui non lo seppe mai. Era morto poco prima.

Il parto fu molto difficile, si trattava del terzo cesareo. Per diversi minuti, che allora mi parvero un'eternità, Giacomo non aveva respirato, né aveva pianto. Lo avevamo massaggiato, stimolato e presto si erano attivate le funzioni vitali. Io e Rita eravamo molto preoccupati perché l'asfissia neonatale può lasciare danni cerebrali permanenti. Così lo monitoravamo in continuazione finché, all'età di un anno, lo portammo dal neurologo. Non solo Giacomo non aveva avuto alcun problema, ma è un ragazzo straordinario, con una mente brillante e una intelligenza più che vivida.

Da piccolo mio figlio era attaccato a me in modo morboso. Mi correva sempre dietro. Per andare a lavorare, dovevo uscire da casa di nascosto, e quando lui se ne accorgeva piangeva per ore. Alla scuola elementare, a Lampedusa, i suoi quaderni venivano fatti girare dalle maestre per le classi tanto erano perfetti. In terza elementare scrisse una poesia bellissima che tengo sempre con me. A furia di trasferirla da un portafoglio all'altro ora è tutta spiegazzata, ma la serbo con grande cura.

È la filastrocca dello gnomo oculista.

> Occhi lucenti di gatto persiano,
> sguardo irrompente di un falco montano;
> occhi di lince che scrutano il suolo,
> fiamme negli occhi di un'aquila in volo;
> occhi celesti, occhi castani,
> occhi felici e occhi un po' strani;
> occhi contenti di bravi studenti
> se le vacanze sono imminenti;
> son tutti belli gli occhi del mondo
> perché la vista è un bene profondo.

A tredici anni, però, anche Giacomo si dovette trasferire a Palermo. Optammo per un istituto religioso molto noto. Ma, all'inizio, rifiutarono la sua richiesta di iscrizione perché era lampedusano e avevano avuto delle brutte esperienze con alcuni studenti dell'isola. D'istinto, avrei voluto mandare i docenti dell'istituto al diavolo, ma non avevamo altra scelta e quindi ingoiai il rospo senza ribellarmi e, anzi, cercai di convincere il rettore a mettere alla prova mio figlio assicurandogli che, se si fosse comportato male, lo avrei ritirato dalla scuola. Impiegarono pochissimo tempo a ricredersi, tanto che un giorno Rita fu convocata dai professori: «Signora, questo ragazzo studia troppo, non è che lo state stressando, gli state facendo troppa pressione?». Lei rispose che noi non c'entravamo nulla, era una questione di carattere.

Non scorderò mai il primo giorno che lasciai mio figlio. Riandai immediatamente con il pensiero a quando toccò a mio padre lasciarmi a Trapani dalla vecchia signora. Le stanze del collegio erano spoglie, grigie. Mi sentii malissimo, ma non potevo darlo a vedere a Giacomo. Lui rimase in silenzio, senza proferire parola, senza il minimo accenno di protesta. E mi salutò senza far trapelare il suo stato d'animo.

Lo sentivo ogni giorno al telefono, ed era molto triste. Dopo un mese prese coraggio: «Papà, qui non ci voglio stare più. Voglio andare a vivere con mia sorella». Rosanna, all'epoca, frequentava l'università e viveva in un appartamento. Accettò subito di ospitarlo e per cinque anni gli ha fatto da mamma. La storia si ripeteva ancora una volta: fece con suo fratello ciò che, a Siracusa, mia sorella Enza aveva fatto con me. Lo accudiva in tutto e per tutto. Andava ai ricevimenti dei professori al posto nostro. Si prendeva cura di Giacomo che, intanto, alimentava la sua passione per lo studio, la lettura, l'arte.

Alla fine del liceo, si pose la questione della facoltà da frequentare. Con Rita abbiamo sempre pensato che i nostri figli dovessero seguire la loro strada e che non avremmo dovuto influenzare le loro decisioni. Così, Grazia è diventata architetto e Rosanna avvocato. Naturalmente, io speravo che almeno lui scegliesse la nostra professione. E allora, commisi un errore. Nessuna imposizione, ma è innegabile che mio figlio si sentì in qualche modo indirizzato nella scelta di iscriversi a medicina. Superò brillantemente i test in due università, si trasferì a Roma e sostenne con il massimo dei voti tutti gli esami del primo e del secondo anno.

Poi un giorno, all'improvviso, lo vedemmo spuntare a casa, a Lampedusa: «Papà, mamma, vi devo parlare». Capii subito. «Ho provato a rendervi felici e la medicina mi piace molto. La mia passione, però, è un'altra e lo sapete da sempre.» Cambiò tutto e si iscrisse a lettere, a Milano. Era quella la sua strada e non potevamo, non dovevamo, impedirgli di percorrerla, ovunque lo avesse portato.

Giacomo non è un amante della pesca. In estate, a Lampedusa, faccio fatica a convincerlo a venire in barca con me. Sorrido pensando a quando invece, costretto dalla necessità, io ero obbligato a seguire mio padre sul *Kennedy* tutte le volte che rientravo nella mia isola.

Talvolta, però, mio figlio decide di accontentarmi, e quelli sono i momenti più belli che trascorriamo insieme. Io e lui, da soli. Starei ore ad ascoltare la sua voce. Perché ha il dono di trasformare anche il fatto più banale in un evento degno di una narrazione mai scontata.

Io e Giacomo abbiamo due caratteri molto diversi e spesso mi rimprovera di essere troppo impulsivo, poco razionale, di non pensare alle conseguenze di ciò che faccio. A volte ci scontriamo e sembra quasi che i ruoli si invertano, che sia lui il padre e io il figlio. Giacomo sa bene che io non posso cambiare, che non riuscirei a fare ciò che faccio in un modo diverso, che non potrei mai essere diplomatico nell'affrontare questioni delicate e importanti, soprattutto quelle che riguardano la vita e il destino delle persone. E piano piano, con difficoltà, lo sta accettando. Così come io sto accettando il fatto che le sue critiche, i suoi rimproveri, mi costringono a fermarmi a pensare, a fare delle pause nella mia vita sempre più frenetica.

Raggiungere il largo e gettare le mie lenze, aspettando con pazienza: è l'unico modo che conosco per riconciliarmi con me stesso. Sovente, però, nella quiete assoluta riaffiora alla mente, senza un perché, un episodio, uno dei tanti.

Emerge da un punto non ben precisato di quel terribile puzzle che somiglia sempre di più allo straordinario capolavoro di Picasso, *Guernica*, con tutto il suo carico di violenza e brutalità.

Una mattina a Lampedusa tirava un forte vento di libeccio. Un grande barcone si stava avvicinando all'isola ma, come spesso accade, non riuscendo a centrare l'imboccatura del porto, andò a sbattere contro gli scogli vicino a Cala Galera, nella punta che va verso l'Isola dei conigli. Accorremmo tutti sulla scogliera. Le onde sembravano braccia di giganti che, afferrata la barca, la scaraventassero in acqua, facendo schizzare via ogni singolo asse del fasciame. Ogni pezzo di legno divelto e spazzato via. Nel giro di un'ora la barca era stata completamente demolita.

A bordo non avevamo visto nessuno. E anche se ci fosse stato qualcuno, sarebbe stato impossibile andare a recuperarlo. Le motovedette non riuscivano nemmeno ad avvicinarsi al relitto. Sembrava un barcone fantasma. E, così come era apparso, scomparve davanti ai nostri occhi, completamente sgretolato, inghiottito dal mare in tempesta.

Trascorsero diversi giorni. Il tempo continuava a essere pessimo. Perlustrammo l'isola per vedere se qualcuno si fosse salvato, arrivando a nuoto. Non trovammo nulla. Nessuno aveva raggiunto la costa.

Dopo quasi una settimana, il mare cominciò a placarsi. Le motovedette tornarono allora sul posto con a bordo i sommozzatori dei carabinieri. Iniziarono a battere a palmo a palmo tutta l'area in cui si era inabissato quel che rimaneva dell'imbarcazione. Le ricerche continuavano senza dare alcun esito. I sub, però, insistevano. Allargarono la zona di esplorazione e riuscirono a individuare molti corpi, ancora una volta. Li portarono in banchina uno dopo l'altro.

Iniziammo a fare le ispezioni. Dovetti esaminare cadaveri ridotti in condizioni pietose. Divorati dai pesci, pieni di pulci, parassiti e persino di stelle marine. I lunghi giorni trascorsi sui fondali avevano trasformato quei poveri giovani in pezzi di carne corrosi e logorati. All'inizio vennero ad aiutarmi due militari della capitaneria di porto - guardia costiera, ma nemmeno uomini come loro, con lo stomaco forte, erano in grado di reggere tanto.

Lo sguardo non poteva soffermarsi su un simile scempio e il terribile puzzo scaturito dal processo di decomposizione entrava nelle narici e invadeva il cervello provocando una sorta di stordimento. Un odore acre, talmente pungente che nemmeno dopo ore riuscivo a smettere di sentirlo.

Dovetti tornare a casa dopo avere esaminato i primi cinque corpi. Dopo averli ripuliti dai parassiti e aver dato loro un aspetto dignitoso. La scena mi si riproponeva incessantemente davanti agli occhi. Avevo conati di vomito, una nausea permanente e quel fetore che mi riempiva la testa. Ero uno straccio.

Poco più tardi ripresi il mio posto in banchina, solo. I sub continuavano a trovare dispersi. Non potevo andare avanti così. Chiesi allora aiuto a Cesare, un giovane operatore del centro di accoglienza. Si mise subito a disposizione ma, dopo la settima ispezione, non resse nemmeno lui. «Dottore,» mi disse «mi deve fare un favore: non mi chiami più. Dopo io non riesco a dormire la notte, mi sento male, mi viene da vomitare...» E se ne andò, anche se era molto dispiaciuto.

Prima però gli chiesi di aiutarmi almeno a saldare le casse dentro cui riponevo i cadaveri. Perché pure questo mi tocca fare, e non è facile. È un atto carico di significato, che non può essere compiuto senza il necessario rispetto dovuto a chi potrebbe essere nostro fratello, nostro figlio, e che merita di avere una degna sepoltura.

Anche la tenacia dei sommozzatori nel voler recuperare a ogni costo le vittime in fondo al mare è segno di grande rispetto. Significa preservare la dignità di chi si è battuto fino all'ultimo respiro per conquistare un'esistenza degna di questo nome.

Andammo avanti così, per giorni. Il penultimo giorno vidi arrivare da lontano Cesare: «Dottore, ci ho ripensato. Lei mi fa pena. Non è giusto che si debba occupare di tutto questo da solo. La voglio aiutare. Non si preoccupi, mi sono fatto coraggio». Aveva portato con sé delle grandi forbici che tagliavano pure il legno. Perché uno dei problemi che avevo avuto era togliere i vestiti a quei poveri ragazzi. Spogliarli per esaminarli, ripulirli e poi comporli dentro le casse nel miglior modo possibile.

«Cesare, alla fine ti stai facendo lo stomaco» gli dicevo per sdrammatizzare. Lui mi restituiva una smorfia che avrebbe dovuto essere un sorriso, ma i suoi occhi non sorridevano affatto. Era intimamente provato da quell'esperienza che stava vivendo per la prima volta.

Alla fine, la conta: diciannove giovani vite perdute.

Persone «perbene»

In inverno su Lampedusa soffia spesso un fortissimo vento di maestrale. Tanto forte che le onde si infrangono contro la costa rocciosa e raggiungono una tale altezza da ricadere sul paese come una leggera pioggia.

Un pomeriggio di tantissimi anni fa, un mercantile finì tra gli scogli nella parte nord dell'isola. I marinai iniziarono a segnalare la propria presenza lanciando i razzi luminosi. Le motovedette non potevano uscire dal porto perché le condizioni del mare erano impossibili e non sarebbero, quindi, riuscite a raggiungere la nave. L'equipaggio era disperato, totalmente in balìa della tempesta.

Mio padre e i suoi compagni decisero di provare il salvataggio. Il *Kennedy* era robusto ed erano convinti di farcela. Accorremmo tutti sulla costa a guardare il peschereccio che tentava il miracolo. Eravamo atterriti. Mia madre, terrorizzata, mi stringeva forte la mano.

Il *Kennedy* arrivò nella zona in cui si trovava il mercantile, ma non poteva avvicinarsi troppo. Il rischio era di sfracellarsi contro gli scogli. Mio padre e i suoi compagni calarono un'ancora legata con un cavo di acciaio, che era stato fissato a un argano. Poi, molto lentamente, si avvicinarono al cargo. Quando furono prossimi all'imbarcazione fecero salire i marinai a bordo. Dovettero ricorrere a una grande forza per far compiere a quegli uomini i pochi metri che servivano a metterli in salvo. Urla, manovre al limite dell'impossibile e noi che dall'alto osservavamo con grande angoscia. L'intera isola stava assistendo col fiato sospeso. Erano momenti drammatici. Avevamo la sensazione che le due imbarcazioni fossero più volte sul punto di scontrarsi e, se fosse successo, nessuno sarebbe tornato vivo da quell'azzardo.

Era un'operazione più che rischiosa, ma mio padre e gli altri pescatori non pensarono nemmeno per un attimo di tirarsi indietro.

Quando rientrarono in porto, furono accolti come eroi. Nonostante fossero tutti esausti, quella sera a casa nostra ci fu una grande festa e i miracolati del cargo non riuscivano a smettere di ringraziare quegli uomini così coraggiosi che avevano messo a repentaglio perfino la propria vita per soccorrerli.

Era la notte tra il 7 e l'8 maggio 2011. La solita telefonata, stavolta dalla guardia di finanza. «Dottore, stiamo scortando al porto un barcone carico di persone.» Io e i miei collaboratori raggiungemmo, come sempre, il molo Favaloro. Il barcone era stato intercettato a pochissime miglia da Lampedusa. In quel periodo non c'era ancora la missione europea e le imbarcazioni, con il loro carico di esseri umani, dovevano percorrere tante miglia prima di essere soccorse. Da Lampedusa le motovedette della capitaneria, della guardia di finanza, dei carabinieri, della polizia, dei vigili del fuoco facevano continuamente la spola tra il porto e le «carrette del mare». Quella sera era toccato ai militari delle Fiamme gialle operare il soccorso.

Il lavoro che questi ragazzi, questi uomini, compiono ogni giorno è straordinario. A volte, si è portati a pensare che la vita di chi indossa una divisa sia affascinante, e spesso lo è. Raramente, però, si considerano i sacrifici che i militari devono affrontare. Sempre lontani dalle loro famiglie e, in questo caso, sempre pronti a prendere il mare, quando è calmo e quando è in tempesta. Pronti a soccorrere, ad aiutare, in qualsiasi condizione, mettendo a repentaglio la propria vita. Li ho visti arrivare in banchina esausti, senza più un grammo di forza nelle braccia. Braccia che devono afferrare uomini, donne e bambini prima che sia troppo tardi, prima che diventino soltanto corpi da recuperare. Tante e tante volte le motovedette giungono appena in tempo e, come in un'immagine al rallentatore, scorgono davanti a sé barconi che si capovolgono scaraventando in mare decine e decine di profughi, o gommoni che si sgonfiano repentinamente, facendo scivolare il proprio carico verso gli abissi. E se non si corre, se non si fa in fretta anche col mare forza otto, ogni sforzo è vanificato.

Quella notte uscirono due motovedette e il tempo era davvero pessimo. Si affiancarono al barcone colmo di profughi e un paio di militari salirono a bordo per governarlo e indirizzarlo verso il porto. Una motovedetta lo anticipava e l'altra lo seguiva. Il mare continuava a ingrossarsi e a bordo c'erano cinquecentoquaranta persone. Un'enormità. Dopo un po', dalla banchina vedemmo avvicinarsi le due motovedette, ma del barcone nemmeno l'ombra.

Il timone, si scoprì poi, si era rotto e l'imbarcazione, anziché prendere l'imboccatura del porto, era finita contro gli scogli, a pochi metri dalla costa, nella zona dove c'è la *Porta d'Europa*, la scultura simbolo dell'accoglienza dei lampedusani.

Immediatamente ci dirigemmo tutti lì. Noi con le ambulanze, i militari, i volontari, i giornalisti, e soprattutto gli isolani che avevano saputo ciò che stava accadendo. Tanti, tanti lampedusani. Era ormai piena notte. Le onde si infrangevano sugli scogli con una violenza inaudita. Il barcone si era incagliato e ora oscillava a destra e a sinistra, rendendo ancora più difficoltosi i soccorsi. Chi sapeva nuotare si era buttato a mare per guadagnare i pochi metri che servivano per raggiungere la salvezza. Facemmo una lunga catena umana per recuperare chi, invece, era terrorizzato e non voleva finire in acqua. Ricordo ancora Mimmo, uno degli addetti dell'aeroporto, gettarsi a mare senza pensarci un attimo e afferrare persone senza fermarsi mai. Perché il mare non ci dava tregua e rendeva ogni cosa difficile, complessa, quasi impossibile.

Donne, bambini. C'era un nigeriano di quattro mesi, Severin. Lo afferrammo dalle braccia della madre in evidente difficoltà e lo consegnammo a una giornalista che aveva lasciato per terra blocco e penna e si era unita alla catena. Elvira, questo il suo nome, trascorse poi tutta la notte a cercare la mamma del piccolo, che era disperata perché convinta di averlo perduto. La trovò all'alba e le mise in braccio Severin. Fu un incontro commovente e indimenticabile: due donne in lacrime, tanto diverse, eppure così uguali in quel momento di grande condivisione. Per il suo gesto, Elvira è stata poi nominata cavaliere della Repubblica. E io ne sono stato felice, perché oggi abbiamo bisogno anche di questi simboli per rilanciare sempre più forte il nostro messaggio. Per entrare nel cuore della gente e far capire al mondo intero che ci troviamo davanti a persone perbene, che ci sono grate per l'accoglienza che riserviamo loro. Quando, come nel nostro caso, ci vedono disposti a tutto per soccorrerle e aiutarle. Persone che provano, invece, tanta amarezza e delusione quando le ricacciamo indietro, facendole sentire indesiderate.

Tre ore. Tanto impiegammo a portare in salvo cinquecentoquaranta persone. Erano stremati. Eravamo tutti stremati. Stanchi da morire, ma soddisfatti. Li avevamo salvati. Tutti. O almeno, così credevamo.

Dopo aver lavorato l'intera notte, tornai a casa. Rita mi preparò un caffè bollente e mi accarezzò la testa. Trascorsero solo poche ore e il telefono squillò di nuovo: «Dottore, per favore, dovrebbe venire alla *Porta d'Europa*». Me ne domandai il motivo, visto che quando l'avevo lasciata stavano soltanto facendo dei rilievi per chiarire meglio la dinamica dell'accaduto. Ma mi vestii e andai.

La barca ondeggiava ancora, anche se il tempo era leggermente migliorato. Sul posto c'erano i sommozzatori. E, a terra, giacevano tre corpi. Li avevano recuperati sotto la chiglia del barcone e, per farlo, avevano rischiato di rimanere schiacciati. Tre ragazzi giovanissimi. Li portammo nella sala mortuaria del cimitero e, come sempre, dovetti procedere con le ispezioni cadaveriche. Uno di loro aveva ogni singolo osso del suo corpo fratturato. Dalla testa ai piedi.

Uscii dal cimitero distrutto. Mi sentivo come se mi fosse passato addosso un carro armato.

Quel giorno nei bar di Lampedusa non si parlò d'altro. Ci eravamo mobilitati tutti. Ovunque traspariva tristezza e un senso di sconfitta. E ancora non sapevamo che il peggio doveva venire.

Il problema è l'uomo, non è Dio

Io sono un credente e penso che il mio Dio non sia diverso da quello in cui credono gli altri. Quando mi sento perduto, quando le energie mi vengono a mancare, mi rivolgo alla Madonna di Porto Salvo. Lei è la patrona di Lampedusa. Alla Madre di tutte le madri chiedo la forza di aiutarmi a salvare i suoi figli, tutti quei figli che arrivano dal mare. E la prego di farli arrivare vivi, di non farmi vedere più morti, di fare in modo che io non debba più prendere in braccio bambini esanimi.

Poco prima della strage del 3 ottobre 2013 arrivò una notizia che dispiacque molto ai lampedusani. Il nostro parroco, Stefano Nastasi, che era riuscito a portare sull'isola papa Francesco, era stato trasferito a Sciacca. «Ci si prepara per nuovi mari, per una nuova navigazione. L'importante è avere un buon equipaggio, come sempre è stato» scrisse su Facebook don Stefano, che aveva avuto un ruolo determinante nel gestire quella difficile e inattesa fase che l'isola stava vivendo. «Le fragilità dei migranti, le loro domande, il loro dolore ci hanno arricchiti,» dichiarò dopo aver lasciato l'isola «aiutando noi stessi a capire più e meglio le nostre inconsistenze e fragilità.»

Al suo posto arrivò don Mimmo Zambito. La prima volta che lo incontrai, rischiammo di fare a botte. Sembra assurdo ma è così. Da tempo la parrocchia aveva messo a disposizione la Casa della fraternità, una struttura gestita dalla Caritas, per accogliere i minori non accompagnati. Poi lì dentro erano accaduti degli episodi molto spiacevoli, alcuni ragazzi avevano iniziato a rompere di tutto: porte divelte, materassi bruciati, e persino lanci di pietre contro i militari.

Un giorno con uno sbarco giunsero sull'isola venti ragazzi colpiti da scabbia. Al centro di accoglienza non c'era più posto per loro. Fu deciso di trasferirli nella Casa della fraternità. Il maresciallo dei carabinieri andò a comunicarlo a don Mimmo, che rispose urlando: «Non potete fare pure questo. Datemi almeno il tempo di sistemare la struttura!». Intanto, però, io avevo condotto i ragazzi nei bagni e avevo iniziato a fare loro il trattamento antiscabbia. Don Mimmo mi raggiunse e cominciò a inveire contro di me. Non ci vidi più. Lo insultai, gli scaricai addosso tutta la mia rabbia e stavamo quasi venendo alle mani.

La realtà è che eravamo esausti. E i nostri nervi erano saltati.

Terminate le operazioni sanitarie, andai a cercarlo per scusarmi. Lui fece lo stesso. Da allora siamo buoni amici e la domenica, quelle rare volte che riesco ad andare a messa, mi fermo a parlare con lui. Mi sfogo, gli racconto i problemi infiniti che dobbiamo affrontare. Lui trova sempre il modo di rassicurarmi e mi incoraggia a proseguire in questo calvario. «Perché, Pietro,» mi dice «possiamo fare diversamente? Abbiamo altra scelta?»

Mi è stato spesso chiesto se ogni tanto non vacilli la mia fede in un Dio che consente tutto questo dolore. Dio? Che c'entra Dio. A causarlo sono gli uomini, non Dio. Uomini avidi, spietati, che credono solo nel denaro e nel potere. E non sto parlando di chi organizza la tratta degli esseri umani. Parlo di chi la consente, di chi vuole tenere il resto del mondo nella povertà, di chi alimenta i conflitti, li sostiene e li finanzia. Il problema è l'uomo, non Dio.

Vendere un rene per scappare dal proprio Paese. Per pagare il biglietto di un viaggio troppo costoso. È questo che fanno ogni giorno tanti disperati.

Non volevo crederci. Mi sembravano esagerazioni giornalistiche. E invece è tutto vero. A provarlo sono le cicatrici che mi capita di trovare sempre più spesso quando visito i profughi. Di questo enorme sacrificio che sono disposti a compiere pur di fuggire, però, loro non fanno parola. E non la fanno perché hanno paura. Perché dovrebbero denunciare un sistema che si sta rafforzando sempre di più e di cui conosciamo solo la punta dell'iceberg.

Ho letto, mi sono documentato, perché volevo capire. Quello che ho scoperto è uno scenario agghiacciante. Un business che parte dall'Africa e si estende in decine e decine di Paesi. Quasi il dieci per cento dei reni trapiantati in Occidente viene espiantato illegalmente. E a dichiararlo è l'Organizzazione mondiale della sanità. Numeri impressionanti. Chi compra paga bene e, più le vittime sono giovani, più paga.

Mi ha sconvolto ulteriormente scoprire la rete di medici, tecnici, analisti, professionisti che sta dietro a tutto ciò. Perché togliere un rene, conservarlo in modo appropriato e poi effettuare il trapianto non è un gioco da ragazzi. E chi è disposto a pagare anche 200 mila dollari vuole essere certo che l'espianto sia stato eseguito con tutti i crismi e che quel dannato rene funzioni perfettamente.

Chirurghi d'eccellenza, colleghi che hanno fatto il mio stesso giuramento, si prestano a questo sporco traffico. Non solo, ma se si scava più a fondo si scopre una storia ancora più terrificante: bambini e ragazzini scomparsi, venduti al migliore offerente, o meglio, i cui organi sono venduti al migliore offerente; e non sto parlando solo di reni. Piccoli innocenti utilizzati come macchine che forniscono preziosi pezzi di ricambio. E io mi chiedo come si possa vivere sapendo di avere nel proprio corpo un rene, un fegato, estirpati a forza alla vittima sacrificale di turno...

Alla base c'è, come sempre, un enorme flusso di denaro. Che parte dai Paesi «sviluppati» e che torna in quegli stessi Paesi. Il denaro è un demone che continua a succhiare senza alcun ritegno il sangue di intere popolazioni soggiogate e impotenti.

Dal traffico di esseri umani a quello di organi umani. Reso ancor più semplice dall'aver trasformato le persone in numeri senza identità e per questo, quindi, facili da eliminare senza lasciare tracce.

Per fortuna c'è chi sta aprendo gli occhi. Chi sta battendosi per far acquisire ai governi la consapevolezza che tale crimine vada fermato. Che occorra, anche in questo caso, una cooperazione internazionale per interrompere un simile mercimonio.

La vendita di un organo è un gesto estremo. A volte i migranti, per raggiungere il loro obiettivo, sono disposti a compiere pure altri gesti, meno gravi ma non meno inquietanti.

Le migliaia di tunisini che riempirono Lampedusa nel 2011, scappati dalla Primavera araba che aveva investito in pieno il loro Paese, erano convinti che in poche ore sarebbero stati trasferiti in Italia e che, da lì, avrebbero potuto raggiungere finalmente l'Europa. Ad aspettarli, invece, c'era il rimpatrio. Erano destinati a tornare in Tunisia e, rientrati nel loro Paese, quasi sempre, finirono in prigione.

Quando capirono cosa li aspettava, cercarono in tutti i modi di farsi ricoverare negli ospedali siciliani. Per farlo escogitarono l'espediente di ingerire qualsiasi cosa avessero a portata di mano: chiavi delle porte del centro di accoglienza, pezzi di ferro spesso anche arrugginiti, persino lamette da barba. Lamette che erano pericolosissime perché potevano causare lesioni intestinali gravissime. Al poliambulatorio in quel periodo arrivavano fino a tre migranti al giorno. E dalle radiografie emergeva chiaramente che avevano ingoiato qualcosa. Così non potevamo fare altro che trasferirli in elicottero a Palermo perché dovevano essere operati per evitare il peggio.

Avevano capito che quella era l'unica possibilità per cercare una via di fuga. Poi, una volta risanati, avrebbero provato a scappare. Meglio la clandestinità che andare in galera nel loro Paese.

L'elicottero faceva avanti e indietro senza sosta da Lampedusa agli ospedali della Sicilia. Da lì ci arrivavano spesso, però, notizie confortanti. Perché è vero che le radiografie ci mostravano le immagini delle lamette ingoiate ma, prima di ingoiarle – noi non potevamo saperlo –, loro le avvolgevano nella carta stagnola dei pacchetti di sigarette per renderle meno pericolose. Fermo restando che, comunque, il corpo estraneo doveva poi essere eliminato.

Quando capimmo che in troppi stavano ricorrendo a quei pericolosi espedienti per farsi trasferire, parlammo con le forze dell'ordine che presidiavano il centro di accoglienza: smontarono le maniglie dalle porte e tolsero di mezzo ogni oggetto che potesse causare danno, e noi comunicammo ai migranti che, se avessero perseverato in questa folle decisione, sarebbero comunque rimasti sull'isola e sarebbero stati curati al poliambulatorio. Così, dopo qualche giorno, la situazione tornò alla normalità.

Avevamo compiuto la scelta più sensata, ma sapevo che in questo modo li stavamo condannando. E ciò mi intristì moltissimo.

«L'erba tinta un mori mai»

Ho mal di testa. Un forte mal di testa. Sono nella mia stanza al poliambulatorio e sto parlando al telefono. Mi agito e inizio a urlare e a sbattere il pugno destro sulla scrivania, stracolma di carte che non ho mai il tempo di riordinare. Alessandra si precipita dentro, ascolta la telefonata in corso e mi blocca subito: «Pietro, ma che stai dicendo? Riattacca, chiunque sia all'altro capo, metti giù». La sua espressione è sbalordita e io non comprendo perché. Mi toglie la cornetta dalle mani e riaggancia. Io mi innervosisco ancora di più: «Ma come ti permetti?» penso di dire. In realtà dalla mia bocca stanno uscendo solo suoni incomprensibili.

Alessandra è la mia collaboratrice più fidata. Mi sembra assurdo che abbia potuto fare una cosa del genere. Così continuo a pronunciare frasi sconnesse e il mio viso si contorce in una strana smorfia. Lei è sempre più preoccupata. Corre in corridoio a chiamare gli infermieri e, prima che me ne accorga, sono al pronto soccorso. Non capisco. Mi mettono una flebo e penso: «Ma che diavolo sta succedendo? Cosa mi stanno facendo?». Credo di sognare, di stare vivendo uno dei miei tanti incubi.

Non è così. Sono assolutamente sveglio e ciò che sta accadendo intorno a me è reale. Capisco che la situazione è grave solo quando uno dei collaboratori, con cui, in passato, avevo avuto qualche diverbio, mi si avvicina e mi dice: «Non ti preoccupare Pietro, *l'erba tinta un mori mai*», «l'erba cattiva non muore mai».

Poi mi mettono su una lettiga e mi portano sull'ambulanza. Vorrei urlare: «Perché tutto ciò? Dove stiamo andando?», ma non ci riesco. Il mio cervello sta pensando cose che non riesco a esprimere. Non controllo il mio corpo.

Ho paura. Di nuovo. Sto affogando, ma stavolta non sono in acqua. Sto annaspando e non so perché. «È finita» penso per la seconda volta nella mia vita. «Sto morendo.» E intanto guardo l'elicottero prepararsi in pista per il decollo. Gli infermieri tolgono la barella dall'ambulanza. Non c'è tempo da perdere. Saliamo a bordo e partiamo.

Non dimenticherò mai quel viaggio. I volti in apprensione, io che non riesco a valutare la gravità di ciò che sta accadendo. Fuori il cielo è terso, a tratti macchiato da nuvole bianchissime che sembrano delle enormi, dolcissime meringhe. Durante il tragitto, nella mia mente corrotta dall'ischemia scorrono immagini caotiche che alla fine, però, si intrecciano come in una tela, acquisendo una loro coerenza. Penso che in fondo, fino a quel momento, la mia è stata una vita intensa, vissuta pienamente e senza rimpianti.

Il viaggio dura poco più di un'ora, a me sembra un'eternità. Sento che metà del mio corpo, progressivamente, non risponde più ai comandi. Metà del mio viso si sta irrigidendo. Perdo la sensibilità in una gamba e in un braccio.

Penso a Rita, ai sacrifici ai quali l'ho costretta in tutti questi anni. Penso ai miei figli. Su una cosa, però, non ho dubbi: se tornassi indietro rifarei esattamente quello che ho fatto fino a oggi. Le notti in banchina, intere giornate senza mai una pausa, senza chiudere occhio. Come quella volta che con un mio collega rimanemmo per tre giorni interi al molo e per riposare un po' ci stendevamo sfiniti, a turno, sulla barella dell'ambulanza. Un'ora di dormiveglia e di nuovo in piedi. Quando ho giurato da medico sapevo che stavo accettando di compiere una missione. Non avrei mai immaginato, però, che sarebbe stata proprio questa la missione.

Al mio arrivo in ospedale a Palermo ad accogliermi c'è Mario, collega e amico con cui ho condiviso tante battaglie. Anche lui ha un'espressione preoccupata. Mi portano subito nella sala della tac. Poi, la risonanza magnetica. Per fortuna la situazione non è così grave. È stato un attacco ischemico transitorio, leggero. Un «Tia», si dice nel linguaggio medico.

Mi ricoverano, mi curano. Dopo dieci giorni chiedo di essere dimesso. I colleghi sono contrari, ma io firmo per andarmene. «Pietro, è troppo presto» mi dice Mario, che non mi ha mai lasciato, nemmeno per un attimo. «Prenditi ancora qualche giorno. Hai subito uno stress troppo forte e, se dovesse capitare di nuovo, stavolta rischieresti la paralisi totale. Pensaci bene.» Mi autodimetto. Non voglio e non posso stare ancora lì.

Tutti erano certi che nemmeno in convalescenza avrei rinunciato a tornare in banchina. Ad assistere chi aveva bisogno di me, di noi. Tornai a casa, a Lampedusa. E pensai al mio collaboratore: «*L'erba tinta un mori mai*».

Su un punto Mario aveva ragione: lo stress quella volta mi aveva giocato uno scherzo davvero brutto e a provocarlo era stato un avvenimento imprevisto e talmente assurdo da rasentare il ridicolo.

Era il 2 settembre 2013. Ero nella mia stanza al poliambulatorio quando squillò il telefono: «Dottore, dovrebbe venire immediatamente in Comune». Era il maresciallo dei carabinieri. Quando arrivai, trovai i collaboratori del sindaco, Giusy Nicolini, in preda al panico. Su una scrivania c'era una busta bianca aperta. Arrivava dalla Germania. Al suo interno della polvere bianca e un biglietto con scritto: «Pericolo antrace».

Gli impiegati l'avevano aperta, toccata e persino annusata. Chiamammo subito i vigili del fuoco, che avevano la competenza per affrontare questo tipo di emergenze. Arrivarono indossando delle tute speciali e dissi loro come dovevano trattare la busta. Antrace. E chi l'aveva mai vista l'antrace? Puoi conoscere tutti i protocolli di questo mondo, ma se si tratta di qualcosa che non hai mai affrontato non c'è protocollo che regga.

Sul posto avrebbe dovuto esserci una struttura mobile per la decontaminazione. A Lampedusa. Ci trovavamo in una situazione surreale.

I vigili sigillarono la busta e la diedero a me. A me, che non c'entravo nulla... Misi la busta dentro una serie di involucri, poi allertai l'assessorato regionale e l'Istituto zooprofilattico. Nemmeno loro sapevano bene cosa fare.

Passò un giorno di trattative e contrasti, poi sull'isola arrivò un elicottero della guardia di finanza e la busta venne trasferita a Palermo. Pochi minuti dopo aver assicurato la busta ai finanzieri, mi telefonò il comandante dei vigili del fuoco di Agrigento che mi chiedeva di decontaminare le tute utilizzate per prelevare la busta. Andai su tutte le furie. Non era compito nostro e glielo dissi senza mezzi termini. Era quella la telefonata che Alessandra aveva interrotto bruscamente il giorno del mio attacco ischemico.

La notizia del mio malore improvviso spaventò tutti perché pensarono potesse essere effetto dell'antrace. I risultati, per fortuna, arrivarono rapidamente: sia quelli che escludevano che la polvere bianca fosse antrace, sia quelli che confermavano che il mio era stato un attacco ischemico.

Il poliambulatorio è la mia casa dal 1991. Quando sono stato assunto, con me c'erano altri cinque medici. Due erano destinati a Linosa ma nessuno voleva andarci perché, soprattutto in inverno, poteva capitare che la nave non riuscisse ad attraccare per giorni e allora si rimaneva bloccati. Spesso, quindi, ci andavo io, per consentire ai colleghi di tornare a casa, in Sicilia. Loro non erano lampedusani e riuscivano a malapena a trascorrere due giorni a settimana con le mogli e i figli. A poco a poco, quasi tutti chiesero di essere trasferiti e sull'isola rimanemmo in due.

Qualche anno dopo fui nominato responsabile della struttura e anche l'ultimo medico rimasto mi chiese il nulla osta per andarsene. Non potevo non concederglielo. Capivo che vivere distanti dalla propria famiglia era un sacrificio che non poteva essere imposto per sempre. Alla fine acconsentii. Una scelta che mi viene rimproverata ancora adesso quando sollecito rinforzi.

A sostenermi davvero è proprio Alessandra. Era stata destinata alla guardia medica e, invece, è diventata il mio braccio destro, il mio spirito critico e, purtroppo, anche colei sulla quale scarico il mio nervosismo quando la stanchezza prende il sopravvento.

Qui ognuno ha lasciato il suo segno. Professionisti bravissimi che, però, come è naturale che sia, a un certo punto hanno sentito il bisogno di tornare nelle loro città. Io e Alessandra, invece, siamo rimasti in questo lembo di terra ad affrontare la quotidianità e l'emergenza, tutte nello stesso momento.

Da quando gli sbarchi sono aumentati in modo esponenziale, siamo riusciti ad avere qualche rinforzo. Un altro medico, anche se con un contratto a tempo: una ginecologa per l'emergenza migranti. Avevamo ottenuto anche una pediatra, per assistere i tanti bimbi che arrivano, ma da sola non ce la faceva e ha rinunciato all'incarico. Un medico opera al pronto soccorso con altri due di guardia permanente. Uno dei due viene sempre con me in banchina insieme alla ginecologa. Sono poi reperibili anche un cardiologo e un'anestesista. Insomma, nel tempo siamo riusciti a far crescere una struttura con ventidue branche specialistiche, delle quali usufruiscono anche gli ospiti del centro di accoglienza.

Un giorno è capitato un episodio che mi piace ricordare. Eravamo reduci del successo di *Fuocoammare*. Ero continuamente invitato negli studi televisivi per le interviste. E, siccome da vicino non vedo bene, quando dovevo leggere qualcosa indossavo gli occhiali. Hanno una montatura particolare, che si sgancia e si riaggancia. Dopo qualche tempo ricevetti una mail dall'azienda che li produce. Mi si ringraziava per la pubblicità che, involontariamente, avevo fatto loro e mi si chiedeva in che modo potessero sdebitarsi. Colsi la palla al balzo.

Spesso, quando visitiamo i migranti, prescriviamo loro delle lenti correttive della vista che, sappiamo bene, non compreranno mai. Allora chiesi alla casa produttrice di inviarmi degli occhiali con lenti di diverse gradazioni.

Giorni dopo, entrando al poliambulatorio, trovai un enorme scatolone con dentro tanti, tanti occhiali.

Una pubblicità non voluta aveva portato comunque un beneficio.

Il nostro «carico di lavoro», se così lo si può chiamare, è sempre maggiore. Perché noi non ci occupiamo soltanto dei profughi che arrivano al molo. Quando le navi di Frontex prendono a bordo casi gravi, li trasferiscono qui in elicottero o con le motovedette. Non ci sarebbe il tempo di portarli altrove o di attendere l'approdo nei porti italiani.

Facciamo fatica, tanta fatica, a gestire tutto, in particolare perché, anche se molte delle nostre energie sono dedicate ai migranti, ci impegniamo ogni giorno per garantire la migliore assistenza possibile ai lampedusani. La pediatra e i tre medici di base, uno dei quali è mia moglie Rita, non sono sufficienti.

E, allora, una grande mano di aiuto arriva dagli infermieri e dai dipendenti del poliambulatorio, che non guardano mai l'orologio, che non si tirano indietro se devono correre al pronto soccorso in piena notte e rimanerci ininterrottamente per giorni.

Questo è il poliambulatorio di Lampedusa. Non è Pietro Bartolo: sono gli uomini e le donne che con Pietro Bartolo condividono, con la testa e con il cuore, tutto ciò che accade nella nostra isola.

E siccome non ci arrendiamo mai, e le sfide non ci spaventano, con l'azienda sanitaria da cui dipendo, quella di Palermo, stiamo portando avanti un progetto ambizioso. Creare un centro di medicina umanitaria e delle immigrazioni. Non sarà facile ma, ne sono certo, ci riusciremo.

Favour dagli occhi grandi

25 maggio 2016. Due di notte. L'allarme arriva da un mercantile. A bordo ci sono tanti migranti soccorsi nel Canale di Sicilia. Venti di loro sono ustionati e fortemente debilitati. Non possono continuare il viaggio in tali condizioni. Una motovedetta va a prenderli. Intanto allertiamo le ambulanze e gli elicotteri, il nostro e quello di Pantelleria. Quando la motovedetta rientra, sono ormai le otto del mattino. A bordo, soprattutto donne. Vittime di quella che ormai chiamo la «malattia dei gommoni».

In venticinque anni di soccorsi non mi era mai capitato di dover curare ustioni di questo tipo. Succede da quando è iniziata la missione europea, Mare Nostrum prima e Frontex poi. Più i salvataggi avvengono al largo e più i trafficanti di uomini utilizzano imbarcazioni provvisorie e fatiscenti. Gommoni, soprattutto, alimentati a benzina invece che a gasolio.

Gli scafisti rabboccano i serbatoi durante il tragitto e il carburante, inevitabilmente, fuoriesce dalle taniche. Come una serpe che scivola lentamente, la benzina si combina con l'acqua salata e la miscela è devastante.

Nei gommoni gli uomini siedono sui tubolari. Le donne, invece, stanno sul fondo con i bambini in braccio. La miscela micidiale inzuppa i vestiti. E, mentre inonda i corpi delle donne, dando loro una gradevole e apparentemente benefica sensazione di calore, inizia a corrodere la pelle dei piedi, delle gambe, delle natiche. Divora, piano piano, ogni centimetro di tessuto, provocando delle piaghe profondissime. Ustioni chimiche terribili.

In banchina, il disastro. La prima donna che vedo è sdraiata su una barella. Ha addosso la «metallina», la coperta isotermica gialla. Non ha la forza di mettersi in piedi. La seconda cammina a stento, appoggiandosi a me e a un volontario, che la aiutiamo a salire sull'ambulanza. Una terza donna è adagiata sul fondo della motovedetta, avvolta in un lenzuolo bianco. Sembra un angelo nero. Un angelo che sta soffrendo maledettamente. La sosteniamo per farla scendere in banchina. «Fate piano» raccomando ai soccorritori. «State attenti a come la toccate.» È in condizioni pietose e non riesce quasi a muoversi.

Sistemo con delicatezza il suo braccio attorno al mio collo e proviamo a camminare, a piccoli passi. Intanto sollevo leggermente il lenzuolo. Ha il sedere ridotto a carne viva e, nonostante questo, si fa forza, sopporta senza emettere un solo gemito, ma il suo viso è contratto per gli spasmi. Scendono così, a una a una. Tutte con la pelle martoriata da quella miscela mortale.

Poi dalla motovedetta una volontaria mi passa una bimba molto piccola. È bellissima. Due enormi occhi neri in un viso tondo dolcissimo. È frastornata. Chiedo dove sia la madre ma nessuno sa rispondere. Porgo la bimba a Elena, la mediatrice culturale che, anche stavolta, è con me. «Non la mollare nemmeno un secondo» le dico, con un tono più che perentorio. «Non la dare a nessuno, manco se viene il papa. Tienila con te fino a quando non arrivo io.» Poi, bacio sulla testa la piccola e torno a occuparmi delle donne.

Al poliambulatorio, cominciamo le medicazioni. È un delirio: corpi neri con enormi chiazze bianche. Ungiamo le piaghe e le fasciamo. Sotto le garze le ferite bruciano. È straziante assistere al dolore di queste povere donne. L'odore della benzina è fortissimo.

Intorno a me è un viavai di infermieri, medici, assistenti,

addetti alle ambulanze. Come sempre, ogni istante è prezioso. Non possiamo perdere tempo.

Dopo la medicazione, i barellieri riprendono in consegna le povere vittime della benzina killer e poi, di corsa in ambulanza, verso gli elicotteri che aspettano in pista, pronti a decollare.

Non ci sono parole per descrivere la generosità e l'abnegazione di chi lavora nella nostra struttura. Siamo una squadra in cui il ruolo di ognuno è determinante e fondamentale. L'emergenza è la normalità, è la nostra quotidianità. In venticinque anni abbiamo visitato, soccorso, medicato, quasi trecentomila persone.

Respiro a fatica per la stanchezza. Ho la nausea, una sensazione di oppressione al petto. Non ce la faccio più. Mi metterei a urlare. Puoi cercare quanto vuoi di tenere addosso la corazza che ti consente di andare avanti, ma la tua anima viene comunque travolta, inevitabilmente. È come se fossimo in guerra. Una guerra che non abbiamo scelto noi di combattere e che stiamo affrontando ad armi impari. Che ci consegna ogni giorno decine di feriti. E non possiamo fare altro che stare in trincea, nel senso più letterale del termine.

Quando finisco di medicare anche l'ultima donna, torno da Elena e dall'unica, straordinaria, sorpresa che questa mattinata infernale ci ha riservato.

«Si chiama Favour,» mi dice la mia collaboratrice «ha nove mesi ed è nigeriana. Il suo nome vuol dire "privilegiata". La madre, incinta di un altro bimbo, è morta durante la traversata. A prendersi cura di Favour è stata una delle compagne di viaggio. Ha raccontato che sul gommone erano in centoventi.»

Provo a immaginare la scena di una mamma disperata che sa di dover morire da un momento all'altro. Che non ha alternative se non quella di adagiare la sua bimba tra le braccia di un'altra donna. Una donna che nemmeno conosce, un'estranea, con la quale ha condiviso solo quella porzione di viaggio e alla quale sta affidando ciò che ha di più prezioso. Con la speranza che la compagna di traversata possa proteggere la sua creatura e fare in modo che almeno lei si salvi.

Io credo che tutto ciò non sia umano. Eppure accade ogni giorno, continuamente, e noi ce ne accorgiamo solo quando diventa «notizia», e poi facciamo presto a dimenticare, a tornare alla nostra routine.

Favour mi guarda con i suoi occhioni. È una bambina stupenda. L'hanno lavata, le hanno messo addosso un vestitino che la rende, se possibile, ancora più bella. Ha bevuto il latte in un istante. Era affamata. Adesso gioca con una bambolina. La tengo in braccio per ore. È come se stesse con me da sempre. La nostra foto insieme in poche ore fa il giro del mondo. Lei che guarda l'obiettivo come se fosse abituata, quasi in posa.

La porto al centro di accoglienza. È lì che, momentaneamente, devo lasciarla. Così vuole la legge. Ma non riesco a distaccarmene. Ho un nodo alla gola.

Corro a casa da Rita. Le parlo e subito dopo telefono ai miei figli. Voglio chiedere l'affidamento di Favour. Rita è paziente, conosce bene la mia impulsività. Stavolta non mi dice di no, come invece aveva fatto con Anuar. Però mi avverte: «Pietro, non vorrei che tu avessi una delusione. La bambina non ce l'affideranno... Sarà il tribunale a decidere chi dovrà prendersene cura».

Io non mi arrendo. Chiamo la prefettura, i funzionari del ministero. Tutti coloro che conosco e con i quali ho lavorato in questi lunghi anni. Lo so, forse non è corretto, ma quella bambina mi è entrata nel cuore e so per certo che con noi starebbe bene, avrebbe le cure e le attenzioni che merita.

Il mattino seguente, poco dopo l'alba, Cristina, l'assistente sociale, mi aiuta a compilare la richiesta formale da inviare al Tribunale dei minori. Spero di essere il primo a presentarla. Per tutta la mattina controllo continuamente lo schermo del telefono cellulare, sperando in una chiamata dalla prefettura.

Ancora una volta, però, Rita ha ragione. La telefonata non arriva. Non saremo noi a occuparci della bambina.

Intanto predispongono il trasferimento di Favour a Palermo. Io non trovo il coraggio di andare all'aeroporto e, anche se so che non è giusto pensarlo, mi fa male vedere la piccola in braccio alla poliziotta che ha il compito di accompagnarla durante il viaggio e che l'abbraccia sorridente.

Almeno, però, la nostra foto e il mio appello pubblico per ottenere la custodia di Favour hanno permesso di raggiungere in breve un risultato. Centinaia e centinaia di famiglie in tutta Italia hanno dato la propria disponibilità a ospitarla. La bellissima bimba dai grandi occhi neri non ha dovuto aspettare: a Palermo è stata affidata a coloro che, forse, diventeranno i suoi nuovi genitori. Una coppia che ha atteso per anni un bimbo, e non importava loro il colore della pelle, il sesso o l'età. Hanno ricevuto un dono bellissimo, ma sanno anche che corrono il rischio di perderlo. L'adozione, infatti, non è scontata. Le autorità dovranno accertare che Favour non abbia parenti in vita e la trafila burocratica da compiere, a partire dal suo Paese d'origine, non è semplice. In Europa potrebbe avere familiari che, forse, la sua mamma voleva raggiungere.

Soltanto se risultasse davvero sola potrà essere adottata, e allora sarà un'adozione nazionale. Perché Favour «è necessariamente italiana». Come ha affermato il presidente della Repubblica Mattarella, proprio a Lampedusa.

Dal letto dell'ospedale in cui sta combattendo per guarire dalle profonde ustioni, a chiedere della piccola è anche Sofii, la ragazza che l'ha salvata. Vuole sapere se sia riuscita a portare a termine la missione che la mamma di Favour le aveva affidato. I medici la tranquillizzano: adesso la bimba è in ottime mani.

Due giorni. Tanti ne sono bastati per riportarmi alla realtà. Quarantotto ore dopo, la storia si è ripetuta, ancora più drammatica.

A Lampedusa arriva un elicottero con a bordo un bambino. Anche lui salvato da un naufragio e caricato su una nave spagnola. Ma le sue condizioni sono troppo critiche per proseguire il viaggio. Vado a prenderlo sulla pista. Non è un neonato: ha cinque anni ed è eritreo. Si chiama Mustafà.

Sta molto male. Talmente male che sulla nave non sono riusciti nemmeno a trovare la vena per mettergli la flebo. La sua temperatura corporea ha raggiunto i ventisette gradi e ha rischiato di morire per ipotermia. Per questa ragione, i sanitari hanno dovuto praticare un'infusione intraossea. Cioè gli hanno inserito la flebo direttamente nell'osso della tibia: un'operazione dolorosa, soprattutto se a subirla è un bambino. Ma non avevano scelta. Era l'unico modo per strapparlo alla morte.

Prendo Mustafà in braccio e lo porto al poliambulatorio. Nei suoi occhi, un misto tra rassegnazione e terrore. È sconvolto. Ha perso, in mare, la mamma e la sorellina. Le ha viste morire. Al contrario di Favour, lui ha capito tutto. Ha visto le persone a lui più care scomparire tra le onde e non riemergere mai più.

Proviamo a infilargli le flebo riscaldate per stabilizzare la temperatura corporea. Ma il primo tentativo va a vuoto. Non riusciamo a prendere la vena. Poi, lui stesso ci porge l'altro braccio, quasi a volerci aiutare, a indicarci la strada. Non vuole rivivere l'incubo del catetere conficcato nell'osso.

Ha fame, Mustafà, e ce lo fa capire a gesti. Chiude la sua manina a cucchiaio e se la porta davanti alla bocca. Gli preparo una cioccolata calda e dei biscottini. Lo aiuto a bere a piccoli sorsi quel liquido che gli riscalda la gola e gli porgo minuscoli pezzettini di biscotto.

Non piange, ma a parlare sono i suoi occhi imploranti: «Aiutatemi». Anche lui è un bimbo dolcissimo. Elena gli dà un coniglietto di peluche e gli dice: «Questo è il coniglietto Bartolo. Si chiama coniglietto Bartolo». Lui lo prende, lo gira e lo rigira tra le sue mani, poi ripete: «Battolo», regalandoci un grande sorriso.

Nonostante le cure e le flebo le sue condizioni restano critiche. Non possiamo tenerlo a Lampedusa. Dobbiamo trasferirlo. Così lo accompagno all'elipista. Mustafà è di nuovo in volo, verso l'ospedale dei bambini di Palermo.

Mi rimetto in auto e riparto, pronto a percorrere la strada di ritorno, ma sento che ho bisogno di fermarmi. Posteggio in uno spiazzo e inizio a camminare a piedi. Devo smaltire la mia angoscia, la mia frustrazione, il mio senso di impotenza. Respiro, lentamente, poi mi volto a guardare il mare. Oggi è calmo, placido. Nessuna increspatura. È di un colore verde smeraldo.

Su uno scoglio c'è un gruppo di ragazzini. Ridono, scherzano. Fanno a gara a chi riesce a fare i tuffi più belli. Sono forti, sani, la pelle già dorata da questo sole primaverile. È il periodo più bello per loro. La scuola è praticamente terminata. Stanno per iniziare le vacanze.

In questi mesi l'isola diventa per loro un grande parco giochi. Non devono più stare infagottati in maglioni e giubbotti a ripararsi dal vento gelido. Non devono più trascorrere interi pomeriggi chiusi in casa a studiare o a fare finta di studiare. Possono, invece, godere di questa bellezza paradisiaca. Passare da una caletta all'altra, saltare da uno scoglio all'altro. Per un attimo ripenso a quando ero anche io bambino. A quanto aspettavo le calde giornate di sole per andare al mare con i miei amici.

Lo facevamo anche quando le vacanze non erano ancora iniziate. Uscivamo da scuola, andavamo direttamente al mare, ci spogliavamo e ci tuffavamo indossando solo le mutande. Niente poteva spaventarci o scoraggiarci. E, anche se eravamo poco più che bambini, i nostri genitori non si preoccupavano. Sapevamo nuotare tutti benissimo.

E come ci tuffavamo! Cercavamo gli scogli più alti e volavamo leggeri nell'aria, entrando in acqua con movimenti perfetti del corpo.

Per un attimo il mio mare mi ha restituito serenità. Poi, però, ripenso a Mustafà. Alla sua infanzia negata. E al fatto che non ho nemmeno avuto il tempo di consolarlo.

Il mattino successivo esco di casa, compro i giornali e mi siedo a un tavolino del bar per leggerli. E scopro, immediatamente, di essere diventato un complice. Complice di un mondo pervaso dall'apparenza.

Favour è stata per giorni protagonista di tutti i media, dalla carta stampata alla televisione, ai siti on line. Su Mustafà, invece, pochissime righe, solo per dire che un altro bambino ha perso i genitori in mare ed è stato salvato e trasferito in ospedale a Palermo. Leggendole mi sono sentito uno strumento, seppure inconsapevole, nelle mani di chi decide cosa abbia la dignità di diventare notizia, caso, emblema, simbolo. E non importava che anche questa volta fossi stato io a prendermi cura di Mustafà... Non c'era una sola foto di lui in braccio a me. Non era dato risalto a un bambino che, fra l'altro, aveva capito che la sua mamma era stata inghiottita dal mare.

Anche in questo il destino riesce a essere cinico e ingiusto. E chissà, mi sono chiesto, se Mustafà troverà subito una famiglia pronta ad accoglierlo o se invece sarà costretto a trascorrere mesi, anni, in cerca di nuovi affetti, di un padre e una madre disposti a prendersi cura di lui.

L'isola, in quei giorni, era piena di giornalisti. Uno di loro mi ha visto turbato e mi ha chiesto cosa stesse accadendo. Abbiamo parlato, gli ho raccontato le sensazioni che stavo provando in quel momento e lui senza battere ciglio: «Dottore, lei lo sa quanti sono i bambini come Mustafà e Favour? Quelli che perdono i genitori in mare e quelli che li hanno già perduti nei loro Paesi e vivono in orfanotrofi, costretti a trovare rifugio in edifici non ancora distrutti dalla guerra e dalla devastazione?».

Quelle che stava dicendo sono cose più che sensate. Mi ricordai di un servizio che avevo visto su Rai3, nella trasmissione «Mediterraneo», una delle poche a mandare in onda servizi di questo genere. Raccontava di un orfanotrofio a Homs, cittadina siriana devastata dai bombardamenti, dove ogni giorno veniva portato almeno un bambino rimasto l'unico superstite della propria famiglia. In quel servizio mi colpì una bimba che, nonostante tutto, trovava la forza di ridere e scherzare. Che guardava la telecamera fiera di conoscere l'inglese, e di saper contare, in quella lingua straniera, da uno a dieci. E con lei tanti altri bimbi accuditi con fatica da operatrici terrorizzate dall'eventualità, più che probabile, di un ennesimo attacco.

Il giornalista accanto a me continuava a parlare, ma io non lo stavo più ascoltando. Poi, disse un numero: settemila, e la mia attenzione tornò su di lui. «Dottore, lo sa quanti bambini e ragazzi soli sono arrivati quest'anno in Italia? Settemila. Partiti senza familiari dalla loro terra, o che li hanno visti morire tutti in mare.» Settemila. Un'enormità. Un numero che si fa fatica a visualizzare e, ancor più, ad accettare. Un numero che, però, bisogna non smettere di sottolineare. Questa non è la conta dell'ennesimo sbarco a cui ci siamo abituati, su cui quasi non soffermiamo più la nostra attenzione quando scorrono in televisione le immagini dei profughi che scendono dalle navi che li hanno salvati. Stavolta il numero è particolarmente importante. Settemila bambini e bambine soli, che hanno perso nella traversata ogni punto di riferimento della loro giovanissima vita.

A questo numero dobbiamo dare una risposta.

Donne in cammino

Faduma, 37 anni, somala. Jerusalem, 15, eritrea. La lista si allunga. La mia *pen drive* si riempie di giorno in giorno, stavolta di nomi e volti di donne, adulte o poco più che bambine. Madri, figlie, mogli. Nomi e storie che catalogo e conservo con la puntigliosità di un archivista.

Lo faccio perché non voglio che tutto finisca nel dimenticatoio. Perché, quando racconto queste drammatiche storie in giro per l'Europa, cerco di dare a ognuna il giusto spazio. Non voglio tralasciarne nessuna. Serve, spero, a far comprendere di cosa stiamo parlando. Serve, a me, per cercare di capire cosa è cambiato negli anni e quali scenari dobbiamo aspettarci.

Faduma e Jerusalem: due storie completamente differenti, due donne che arrivano da Paesi diversi ma spinte dallo stesso urgente bisogno di fuggire dalla barbarie.

Faduma l'hanno portata a Lampedusa in elicottero. Un pomeriggio della primavera 2016 ho ricevuto la chiamata del comandante di una nave militare. Durante un soccorso in mare, avevano recuperato dei naufraghi e tra loro c'era una donna che stava molto male. Aveva una emiparesi e sospettavano fosse stata colpita da un ictus. Ho pregato il comandante di fare presto perché, se la loro ipotesi di diagnosi fosse stata corretta, avremmo dovuto agire il più in fretta possibile.

Poi mi sono recato alla pista di atterraggio e da lì, con i miei collaboratori, appena giunta abbiamo portato Faduma in ospedale. Fortunatamente non c'era nessuna ischemia in corso. La paresi era dovuta a un evento precedente al viaggio. Tuttavia la donna stava malissimo, era debilitata per le conseguenze del naufragio e la disabilità le impediva di muoversi agevolmente.

Nonostante avesse soltanto 37 anni, sembrava una vecchia. Il viso distorto dalla malattia, un corpo sgraziato. Dietro quella maschera, però, si celava una donna molto bella, trasformata dai traumi fisici e psicologici.

Aveva affrontato il viaggio da sola. Ho cercato di approfondire e lei non si è tirata indietro. Anzi. Voleva parlare perché aveva un disperato bisogno di aiuto.

Mi ha raccontato di avere sette bambini piccoli. Dopo il terzo parto ha subito l'apoplessia che le ha provocato l'emiparesi.

«Sei mesi fa» mi ha detto parlando in modo distaccato, senza lasciar trapelare emozioni, quasi stesse raccontando la storia di qualcun altro, «i miliziani sono entrati dentro la casa in cui vivevo a Mogadiscio con mio marito, i miei figli e mia madre. I bambini erano atterriti. Lo eravamo tutti. Sappiamo bene di quanta violenza siano capaci i jihadisti. Urlavano, ci insultavano, ci minacciavano. Mio marito li ha supplicati di fare uscire i bambini e noi donne, di prendersela con lui. Aveva il terrore che mi portassero via o che rapissero le nostre figlie costringendole a sposare i miliziani e condannandole a un destino di violenza e sopraffazione. Eravamo tutti per terra, col capo chino a fissare il pavimento. Piangevamo, cercando di non gridare per evitare di scatenare la loro reazione furiosa.

«Mio marito non era un attivista e nemmeno un militare o un appartenente a una fazione contrapposta alla loro. Aveva sempre cercato di rimanere fuori dagli scontri. Pensava solo a lavorare, e a noi, la sua famiglia.

«Mentre cercava di convincere quegli uomini a lasciarci andare, lo hanno preso con la forza, lo hanno fatto inginocchiare al centro della stanza e lo hanno decapitato. Gli hanno tagliato la testa davanti ai nostri figli. Animali, bestie feroci assetate di sangue. Ho visto il capo del mio uomo rotolare e fermarsi accanto alla parete.

«Quindi, i carnefici, soddisfatti, ci hanno guardato in faccia mostrando un ghigno beffardo, si sono voltati e sono usciti dalla stessa porta da cui erano entrati.»

Mentre l'ascoltavo mi è tornata in mente una scena agghiacciante del film *La masseria delle allodole* dei fratelli Taviani che racconta il genocidio degli armeni. Ho misurato mentalmente la distanza temporale e spaziale tra le due scene e l'ho vista frantumarsi, sfaldarsi, annientarsi completamente.

Faduma ci ha poi raccontato che nel suo Paese non le era rimasto più nessuno e che aveva quindi deciso di affidare i figli a sua madre e di partire, per cercare un lavoro in Europa. Non poteva, da sola, portarli tutti con sé, ma neppure rimanere in Somalia aspettando di morire di fame. Mi ha chiesto di aiutarla a trovare un lavoro.

Ma quale lavoro? Vista la sua condizione fisica non sarebbe stata in grado nemmeno di fare la collaboratrice domestica. L'unica soluzione poteva essere quella di farla tornare in Somalia e sostenerla con l'aiuto di qualche fondazione e con le adozioni a distanza per i suoi bambini. Le ho promesso che mi sarei impegnato a cercare una possibilità di questo tipo ed è ciò che sto facendo.

Jerusalem ha quindici anni. È arrivata a Lampedusa pochi giorni dopo Faduma. Una stupenda ragazzina eritrea che si sente già donna ma che ha ancora i lineamenti e le fattezze di una bambina. Mentre la osservo penso a quando le mie figlie avevano la sua età, alla loro spensieratezza, alla loro graduale trasformazione nel complesso passaggio dall'infanzia all'adolescenza.

La sua voce interrompe di colpo il flusso dei miei pensieri: «Dottore, ho paura di essere incinta».

Dio mio, penso, un'altra ragazzina violentata.

Mi siedo accanto a lei con la mediatrice culturale e Jerusalem inizia a parlare. Racconta di essere partita dall'Eritrea con un gruppo di uomini e donne, senza alcun familiare, e dopo un lungo viaggio di essere arrivata in Etiopia in uno dei tanti campi di raccolta.

«Ho pagato 800 euro per il viaggio» ci dice. «Dall'Etiopia siamo stati portati in Sudan, dove siamo rimasti due mesi, e poi ci hanno trasferito in Libia.»

«Perché pensi di essere incinta?» le chiedo. «Hai subito violenza? Hai avuto rapporti sessuali consensuali?»

«No, no» si affretta a rispondere. «Nessuna violenza e nessun rapporto.»

Mi dice che da quattro mesi non ha il ciclo ma aggiunge che, durante la permanenza nel campo di raccolta, le hanno fatto una puntura. Le hanno spiegato che serviva a non farla rimanere incinta, nel caso in cui fosse stata stuprata. A quel punto capisco. Le hanno praticato un'iniezione devastante che compromette l'equilibrio ormonale. Una sorta di contraccettivo forzato che provoca una menopausa precoce. È un farmaco con un effetto temporaneo, ma che lascia comunque strascichi pesantissimi, soprattutto se utilizzato sulle ragazzine.

Jerusalem ci spiega che questo avviene normalmente, e anche che i trafficanti non lo impongono, fanno l'iniezione solo a chi acconsente. Io però non le credo, perché è chiaro che rendere temporaneamente sterili le donne che viaggiano da sole servirà a evitare inutili fastidi a chi le costringerà, arrivate in Europa, a prostituirsi.

Gli organizzatori della tratta, soprattutto delle nigeriane sottoposte a riti tribali per essere obbligate poi ad andare per strada, non vogliono appresso ingombranti neonati. Pretendono che le future schiave, ignare durante il viaggio di quanto accadrà loro, siano subito libere e disponibili per essere offerte sul mercato.

Sottopongo Jerusalem all'ecografia. Non è gravida. Non appena glielo dico esulta e gioisce. È evidente, e non solo a me, che ha mentito. Non ci ha detto la verità. Quel gracile corpo è stato violato, come quello di migliaia e migliaia di altre povere sfortunate.

E il dato che fa ancora più riflettere è che, quindi, la stima del numero di donne violentate deve essere accresciuta in modo esponenziale, se consideriamo quante vengono sottoposte alla sterilizzazione temporanea e, non rimanendo incinte, non lo raccontano neanche.

Chiedo a Jerusalem perché è scappata dalla sua terra.

«Perché in Eritrea non si vive più» mi risponde. «Io voglio studiare e diventare una persona importante, poi andrò a prendere mia madre e i miei fratelli e li porterò con me.»

Le sue parole mi hanno fatto un'enorme tenerezza. Ho sperato, e continuo a sperare, che non finisca nella rete della prostituzione. E che, visto che è ancora minorenne, possa essere accolta in una struttura in cui la aiutino a studiare e realizzare i suoi desideri.

3 ottobre 2013

2 ottobre 2013. È trascorso un mese dal mio ictus. Formalmente sono in convalescenza, ma pochi giorni dopo il rientro a casa sono già al lavoro. Ho ancora una parte dei muscoli facciali lievemente rigida, una gamba che fa i capricci e le parole che non ne vogliono sapere di scorrere fluide dalla mia bocca. Nonostante tutto, però, mi sto riprendendo bene.

I miei collaboratori hanno provato a convincermi a stare a riposo ancora un po', ma sanno che è fiato sprecato. Anzi, solo tornando in campo aperto riuscirò a battere definitivamente la malattia.

Tornato a Lampedusa, ho trascorso i primi giorni a pensare, riflettere. Me ne sono andato in giro per la mia splendida isola. Avevo bisogno di risentire l'odore del mare, di riempirmi gli occhi di bellezza. La bellezza di un paradiso che continua a preservare la sua parte selvaggia, e che non ha eguali al mondo. Sono uscito in barca, lasciandomi incantare dai delfini che mi guizzavano attorno. Ho incontrato i pescatori, ho parlato a lungo con coloro che sono stati per anni i miei compagni di vita e di lavoro, con cui ho condiviso fatiche e sacrifici. Quelle fatiche e quei sacrifici che mi sono serviti anche quando ho cambiato percorso professionale e le nostre strade si sono, in parte, divise.

Non è un'isola facile, Lampedusa. Questo pezzo di crosta terrestre staccatosi dall'Africa e migrato verso l'Europa, quasi a voler simboleggiare un ponte tra i due continenti. Con un destino che pare scritto da una geologia bizzarra, in grado di decidere non solo della sorte delle terre ma anche di quella dei loro abitanti.

È mite l'aria in questa notte di ottobre. Abbiamo da poco avuto due grossi sbarchi. Tanti profughi, tutti siriani. Da quando, in quello che un tempo era un Paese ricco e fiorente, è iniziata la guerra, ne arrivano sempre di più. Soprattutto famiglie.

Il loro arrivo, fra l'altro, ha posto un problema non trascurabile. Perché organizzare la permanenza degli ospiti al centro di accoglienza tenendo conto delle grandi differenze etniche e religiose è abbastanza complicato. I ragazzini e le donne sole non possono essere alloggiati insieme ai maschi adulti o ai nuclei familiari. E la questione è seria, non si può fare finta che non esista.

I siriani giunti con gli ultimi sbarchi sono ancora tutti in banchina in attesa che si decida la loro sistemazione e ci resteranno a lungo, in quello che diventerà il giorno più triste che Lampedusa abbia mai conosciuto.

Alle 7.30 del 3 ottobre ricevo al cellulare una telefonata dal comandante della capitaneria: «Dottore, per favore, venga subito in banchina. C'è stato un naufragio e ci sono tanti morti».

«Sono già qui, comandante» rispondo. «Non me ne sono mai andato. Abbiamo appena finito con i due sbarchi di stanotte. Vi aspetto.»

Trascorre un quarto d'ora. Al molo giunge una barca di otto metri. Quella di Vito Fiorino. Conosco bene Vito, fa il pescatore e accompagna quando può i turisti per mare. Questa notte, sulla *Gamar*, ne portava otto. Con lui c'è Grazia; viene spesso a Lampedusa nella bella stagione perché sua sorella qui gestisce un negozio. Vedo da lontano che sta piangendo. È stravolta. La sua diventerà la prima immagine simbolo di quella immane tragedia.

Lei e Vito erano usciti per una battuta di pesca notturna alla Tabaccara, un luogo incantevole dove, quando fa buio, basta alzare gli occhi per godere di un cielo stellato indimenticabile. Solitamente, i turisti trascorrono l'intera notte in mare e, dopo aver dormito in barca, rientrano in porto il mattino successivo.

Sulla *Gamar* stanno dormendo tutti quando, all'alba, il compagno di Grazia inizia a sentire in lontananza delle voci che crescono. Sembrano urla. «Saranno i gabbiani,» lo tranquillizza Grazia «oppure turisti più chiassosi di noi.» L'uomo, però, non si rasserena affatto e chiede a Vito di fare rotta verso il punto da cui paiono provenire quelle urla. Che, più si avvicinano, più diventano forti, nette. E, a poco a poco, davanti ai loro occhi si palesa una visione che ha dell'incredibile.

Il mare è pieno di gente che chiede aiuto. E di corpi senza vita. E non si vede traccia di alcun barcone.

Non si vede perché è affondato proprio all'imboccatura del porto. Oltre cinquecento persone in preda al panico a pochi metri dalla riva. Chi ha iniziato a nuotare, chi è annegato subito. Chi è rimasto intrappolato nella stiva e non ce l'ha fatta a uscire. La corrente ha trascinato i superstiti (e le vittime) verso l'Isola dei conigli, ed è lì che li trovano Vito e i suoi ospiti.

Sulla *Gamar*, il caos. Mani, braccia, che si allungano cercando di afferrare quanti più naufraghi possibile. Uno dei turisti si getta più volte in acqua per aiutare questi disperati a raggiungere l'imbarcazione e affidarli a chi è a bordo. Quarantanove ne recuperano in tre ore. Di più, però, non possono salvarne: rischierebbero di colare a picco anche loro.

Al molo arrivano tutti bagnati e unti di gasolio. Qualcuno lo medichiamo sul posto, altri li trasferiamo al pronto soccorso.

Grazia continua a piangere, ininterrottamente. «C'è il mare pieno di morti, pieno di morti» ripete, incapace di credere a ciò che ha visto.

E noi capiamo che il disastro è di proporzioni gigantesche.

Trascorrono pochi minuti. Arriva un altro peschereccio. Il comandante, Domenico, sbaglia la manovra e sbatte contro la banchina. Aiutiamo l'equipaggio a legare le cime alle bitte e saliamo a bordo. Domenico sta tremando. Non l'ho mai visto in un simile stato: un uomo esperto di mare, che ha rischiato più volte di morire.

«Pietro, è una vita che navigo» mi dice disperato «ma una cosa così non mi era mai capitata.» Ha con sé venti superstiti. Stanno tutti malissimo. Al contrario della *Gamar*, il suo peschereccio non ha una pedana che faciliti l'accesso a bordo. Per tirare su i sopravvissuti si è sporto dalla barca facendosi tenere per le gambe dai suoi marinai e ha iniziato ad afferrare per le braccia uomini e donne. «Molti però mi scivolavano via, perché erano completamente cosparsi di gasolio. Pareva avessero addosso del grasso» mi racconta, e non smette di tremare. «Quelli che non riuscivo a trattenere ricadevano in acqua e non riemergevano più. Pietro, ti giuro, ho provato a salvarne di più, ma non ci sono riuscito. È terribile, terribile...»

Sulle reti, Domenico ha caricato, invece, quattro corpi.

Li controllo a uno a uno. Tre sono morti da qualche ora. Il quarto è di una ragazza molto bella. Domenico continua a riferirmi ciò che ha visto. Non riesce a fermarsi. «Pietro, c'è un mare di morti» e scoppia in un pianto dirotto. «Ovunque, corpi che galleggiano. I vivi si aggrappavano a me. Ti giuro, è orribile.»

Intanto che lui parla, io prendo tra le dita il polso della giovane donna. Al contrario degli altri non è in rigidità cadaverica, ma questo potrebbe solo significare che è morta da poco. Poi mi pare di sentire un battito. «Zitto» dico a Domenico. «Stai in silenzio.» Presto maggiore attenzione. Il battito c'è. Impercettibile, ma c'è. Ancora un altro. Non è morta. La prendo in braccio e Domenico, con una forza sovrumana, ci scaraventa tutti e due sulla banchina nonostante la fiancata della barca sia molto alta. Dobbiamo fare più che in fretta.

Portiamo di corsa la ragazza al poliambulatorio e seguono

venti minuti di delirio. La spogliamo. C'è chi la intuba, chi aspira l'acqua salata e il gasolio che le riempiono la bocca e i polmoni. Io e l'anestesista iniziamo a massaggiarla senza sosta. Premi, aspira, ventila. Premi, aspira, ventila. Una manovra rianimatoria dopo l'altra. Sembriamo avere in corpo una quantità di adrenalina inimmaginabile. Dopo venti, lunghissimi minuti, una traccia nel monitor: il suo cuore ricomincia a battere. Prima pianissimo, poi sempre più regolarmente. È impossibile. È un miracolo. Esultiamo tra le lacrime di gioia.

Kebrat, così si chiama, è salva. La portiamo in ambulanza sulla pista da dove un elicottero la trasporterà a Palermo.

Ho appena provato l'emozione più grande dei miei venticinque anni di soccorsi, ma non c'è il tempo per far festa.

In mare, intanto, sono uscite le motovedette di tutte le forze dell'ordine presenti sull'isola. Ogni uomo e mezzo disponibile è ora nell'area del disastro.

Torno in banchina, pronto ad accogliere altri sopravvissuti. Invece, iniziano ad arrivare soltanto i morti. In poche ore ne contiamo centoundici.

Sul molo Favaloro è una lunga sequenza di sacchi verdi e neri.

Giro attorno al primo sacco. Lo apro. Dentro c'è un bambino. È bellissimo. Indossa un paio di pantaloncini rossi. Così ben vestito, era pronto a iniziare la sua nuova vita. E invece i militari della motovedetta della guardia costiera l'hanno tirato su con il «mezzo marinaio». Galleggiava attorniato da otto cadaveri. L'hanno afferrato con una sorta di arpione che dovrebbe servire ad agganciare altre barche o a recuperare oggetti in mare e che oggi sta pescando soltanto corpi esanimi.

Un bimbo talmente bello che sembra vivo. Lo prendo in braccio. Provo a scuoterlo per risvegliarlo. Gli tasto il polso. Stavolta, però, non avviene alcun miracolo.

Inizio le ispezioni. Apro i sacchi uno per uno. Almeno venti di quei disgraziati tengono in bocca una catenina col crocifisso. Stretta fra i denti. Come se l'ultimo gesto prima di morire fosse stato quello di affidarsi a Dio. Da allora sognerò spesso quelle labbra serrate attorno alla croce.

Dentro un sacco c'è una donna che ha appena partorito. Ha ancora il cordone ombelicale attaccato. Li metteremo insieme, nella cassa da morto, lei e il suo bimbo. E con loro un orsacchiotto di peluche.

Le casse. Dove le troviamo tante casse? E poi, dove le mettiamo? In banchina con me c'è il sindaco di Lampedusa, Giusy Nicolini. Facciamo arrivare sul posto dei camion frigorifero. E altre bare. Le sistemeremo tutte nella vecchia aerostazione e dentro l'hangar dell'aeroporto. Non abbiamo altra scelta.

Quindici giorni e quindici notti. Scanditi dagli stessi incessanti ritmi.

Le motovedette in mare a recuperare corpi. I sub sott'acqua a perlustrare i fondali e a cercare di svuotare il relitto da tutti quegli uomini, donne e bambini senza vita. E noi, in banchina prima e nell'hangar poi, a prelevare tessuti e frammenti ossei senza soluzione di continuità. Per dare un nome a trecentosessantotto sventurati. Con gli agenti della polizia scientifica che ci aiutano a sistemarli nelle casse. Con i medici legali inviati per supportarci, e che non riescono a reggere uno strazio difficile da sopportare persino per chi si è già dovuto confrontare con tanta sofferenza.

A Lampedusa, in quei giorni, arrivano anche gli psicologi. Per sostenere i superstiti del naufragio e gli operatori impegnati nei soccorsi. A cominciare dai sommozzatori, che stanno subendo i traumi maggiori. Non è facile trovarsi davanti ai corpi incastrati nello scafo, ai volti senza vita di tanti bambini e bambine.

Avrei bisogno anch'io di un supporto psicologico, ma nel mio caso non è previsto. Mi sento terribilmente solo e angosciato, ma non posso farmi prendere dallo sconforto. C'è ancora tanto, troppo lavoro da fare.

Guardare i trecentosessantotto sacchi allineati nell'hangar era stato straziante. Metterli dentro le casse e sigillarle, ancora di più. Pochi giorni dopo, insieme al sindaco e al parroco prendemmo una decisione tutt'altro che scontata. Mandammo alcuni pullman a prelevare i sopravvissuti al centro di accoglienza, per consentire loro di dare l'ultimo saluto a familiari e amici. Appena giunsero, scoppiarono in un pianto sommesso. Ognuno gemeva su una bara, non importava chi ci fosse dentro. Poi, qualcuno iniziò a urlare per la disperazione. Fu un attimo: in quell'enorme cimitero improvvisato risuonò fortissima l'eco della tragedia.

Il dolore esplose con tutta la sua potenza. Fu un'onda devastante. E noi capimmo all'improvviso di aver vissuto per settimane in apnea, in una condizione sospesa. Come se fossimo stati proiettati in un mondo virtuale che, invece, era molto più che reale. Ne stavamo, improvvisamente, prendendo coscienza.

Aprimmo le porte dell'hangar e facemmo uscire i superstiti. Forse avevamo sbagliato: non erano pronti per confrontarsi con un'immagine così forte e brutale che non era solo la fine crudele dei loro compagni di viaggio ma anche l'atrocità del loro sogno di speranza.

Il supplizio, il tormento, tornarono prepotenti nei giorni successivi. Al cimitero, dove molti lampedusani avevano deciso di accogliere nei loculi e nelle tombe dei loro cari le vittime di quella immensa sciagura. E al porto, dove madri, padri, sorelle, fratelli si prostravano su altri feretri, per cercare di bloccare le gru che li caricavano sulla nave diretta a Porto Empedocle.

E poi, familiari giunti da tutta Europa che imploravano di poter almeno porre una foto accanto al numero che contrassegnava la cassa del loro congiunto.

Lampedusa in quei giorni dovette utilizzare tutte le proprie forze per affrontare un'emergenza senza precedenti. L'isola intera stava reagendo in una vera maratona di solidarietà. Numerosissime famiglie avevano aperto le loro case per accogliere i sopravvissuti e si erano prese cura di loro, ma stavamo anche combattendo contro una burocrazia che, invece, non riusciva a dare risposte in tempi rapidi. In Comune e al poliambulatorio le urla del sindaco e le mie erano continue. Chiedevamo attenzione e aiuto concreto.

Per mesi non riuscimmo a pensare ad altro. Il 3 ottobre, ne eravamo consapevoli, aveva cambiato per sempre la nostra storia.

L'anno successivo, l'anniversario della strage fu celebrato non senza polemiche e contestazioni. Ci fu un momento di grande commozione quando arrivarono in aeroporto molti dei superstiti che da Lampedusa avevano raggiunto parenti e amici in diversi Paesi europei. Ad attenderli trovarono quei lampedusani che li avevano accolti e sostenuti. Abbracci, pianti: fu un momento emozionante e liberatorio.

Non per tutti, però.

In un angolo, all'aeroporto, c'ero anch'io. La porta scorrevole, nell'area degli arrivi, si apriva e chiudeva in continuazione. Vedevo i passeggeri correre incontro a chi li aveva adottati, anche se per poco tempo, subito dopo il naufragio.

A ogni apertura della porta, la mia speranza a poco a poco scemava. Quando anche l'ultimo sopravvissuto varcò la soglia dell'aerostazione capii che il mio desiderio non si era avverato: Kebrat non era tornata. Non avrei riabbracciato quella splendida ragazza che avevamo strappato alla morte. Forse, non aveva avuto il coraggio di rivivere il dolore atroce che aveva provato. Aveva preferito rimanere in Svezia.

Mi sentii invadere dalla tristezza. Poi mi feci largo tra le decine di troupe e microfoni che erano arrivati in massa, e me ne andai solitario verso casa.

Figli dello stesso mare

Una timoniera. Questo mi resta del *Kennedy*, del peschereccio che per quarant'anni ha dato da vivere alla mia famiglia. Mio padre se ne prese cura sino alla fine dei suoi giorni. Il cancro si era già impadronito di lui quando decise che la sua barca doveva essere al passo con i tempi. La fece rinnovare, montò a bordo le apparecchiature elettroniche, costruì una cabina grandissima.

Era la sua casa. Il luogo in cui aveva trascorso giorni di bonaccia e di tempesta, notti di ansia e di raccolta. Era il suo mondo e non l'avrebbe mai abbandonato. Il frutto di grandi sacrifici, il suo riscatto. Era tutto.

Quando lui morì fummo costretti a venderla e, quando i pescatori di Anzio che la acquistarono vennero a prenderla a Lampedusa e se la portarono via, sul molo piansi come un bambino.

Sul *Kennedy* avevo imparato a fare il marinaio, il pescatore, e a «farmi lo stomaco». Avevo imparato la fatica vera, l'abnegazione. Avevo trascorso i momenti più belli con mio padre, che mi voleva forte e senza paura, e quelli più brutti in cui avevo anche rischiato di perdere la vita. Avevo imparato a conoscere la fame e a gioire per una battuta di pesca andata bene.

Ma, soprattutto, sul *Kennedy* avevo imparato ad amare il mare, a non poterne fare a meno, ad averne visceralmente bisogno. Un mare che è vita, non morte.

Anche per mio padre il mare era tutto. Quando il male

iniziò ad avere il sopravvento, smise di imbarcarsi sul *Kennedy* e riprese la nostra vecchia *Pilacchiera*, la stessa con cui da ragazzo portavo in giro i turisti o recuperavo i passeggeri se la nave non riusciva ad attraccare in porto. Sarebbe poi toccato a me dismetterla e in capitaneria, nel farla cancellare dai registri di navigazione, scoprii che aveva centodue anni e che il mio bisnonno le aveva dato il nome *Gaetanino*. Anche lei aveva accolto diverse generazioni di Bartolo.

Durante gli ultimi mesi di vita, mio padre mi chiedeva spesso di accompagnarlo al molo, di aiutarlo a salire a bordo. Da solo non ci riusciva più. Però non voleva che andassi con lui in mare, e del resto io non potevo perché dovevo lavorare al poliambulatorio.

Tornava con la *Pilacchiera* sempre piena di pesci. In tanti lo criticavano per questa sua caparbietà e pure io gli chiedevo perché si ostinasse ad andare in mare nonostante non avesse quasi più forza. «Perché è l'unica arma che ho per combattere il mostro che mi sta divorando» mi rispondeva. «Perché è la mia vita.»

Allora, lo aiutavo a scendere con il suo carico. Aveva sempre la faccia imbiancata dal sale. Gli schizzi d'acqua, che gli arrivavano addosso, si seccavano sotto il sole rovente e, così, sul suo volto rimaneva solo una candida patina, una sorta di maschera, che però serviva non a nascondere ma a svelare. A svelare l'autenticità dell'essere, a spazzare via ogni possibile contraffazione.

La stessa maschera che rivedo continuamente sulle facce, nere, dei disperati che hanno vagato per giorni in mare in balia delle onde. E ogni volta che vedo quelle maschere penso a lui. Figli dello stesso mare.

Arrivava stanco papà, sfinito, ma mai arreso. I dolori erano diventati sempre più lancinanti e talvolta le lacrime scendevano sul suo viso sciogliendo quel sale che il sole aveva attaccato alla sua pelle. Erano lacrime di sale.

Poi, un giorno, smise di chiedermi di accompagnarlo al molo. Il cancro aveva vinto. Una mattina mi fece chiamare. «Pietro,» mi disse con la voce ormai flebile «devo chiederti un'ultima cosa. Fai preparare una ghirlanda di fiori e buttala a mare.» Quindi mi baciò e chiuse gli occhi, per sempre.

Il giorno del suo funerale andai dal fioraio e feci preparare una corona bellissima. Sul nastro poche parole, semplici, banali: «Per te, papà».

Salii sulla *Pilacchiera*, vi caricai la ghirlanda e avviai il motore. Mi allontanai abbastanza da essere in mare aperto. Presi i fiori e li lanciai in mare. Il desiderio di mio padre era stato esaudito.

L'idea di raccontare venticinque anni di vita e di lavoro nasce da un'intervista rilasciata a Lidia Tilotta al poliambulatorio di Lampedusa davanti alle foto di Nino Randazzo che, per primo, ha documentato la tragedia del 3 ottobre 2013.

Davanti a quegli scatti è iniziato un racconto che continua ancora oggi e che è stato amplificato da Gianfranco Rosi con il suo splendido film *Fuocoammare*. E a Rosi voglio rivolgere il mio primo ringraziamento.

Un ringraziamento particolare vorrei rivolgerlo alle forze dell'ordine con cui collaboro da venticinque anni: la capitaneria di porto - guardia costiera, la guardia di finanza, la polizia, i carabinieri, i vigili del fuoco. A quei ragazzi che ho definito gli angeli del mare e che, con coraggio, dedizione e umanità, ogni giorno, con la bonaccia o la tempesta, vanno a salvare uomini, donne e bambini o scendono negli abissi per recuperarne i corpi.

Voglio ringraziare tutti i miei colleghi e collaboratori del poliambulatorio che mi sostengono, mi aiutano e mi sopportano ogni giorno; tutti i volontari che sono con me sul molo Favaloro ad accogliere coloro che arrivano dal mare; i mediatori culturali. E voglio ringraziare i lampedusani, un popolo accogliente e generoso.

Grazie a Paola Masella, lei sa perché.

Grazie anche alla mia famiglia: a Rita, mia compagna di vita, ai miei figli Grazia, Rosanna e Giacomo, che incoraggiano le mie scelte e il mio impegno.

Un ringraziamento lo devo alla mia azienda sanitaria provinciale di Palermo, da cui dipendo e che mi supporta costantemente con mezzi e uomini.

Infine, voglio ringraziare il mio carissimo amico don Mimmo, che lavora nel silenzio.

Pietro Bartolo

Il mio ringraziamento va innanzitutto a Pietro Bartolo per aver scelto di affidare a me il suo racconto. Per avermi consegnato i ricordi di una vita. Raccoglierli, scriverli, è stato difficilissimo. Giorni e notti di memorie condivise. Ogni storia, ogni aneddoto, mi è stato trasmesso da una voce, la sua, carica di un'emozione mai scalfita. Una testimonianza forte e vera. E non è stato facile nemmeno rivederla e rileggerla con lui e con Rita, che gli sta accanto da sempre.

Il mio secondo ringraziamento va alla nostra editor, Nicoletta Lazzari. Mi ha presa per mano e mi ha guidata, passo dopo passo, in un cammino complesso e con tanti ostacoli da superare, andando ben oltre il suo compito e il suo lavoro.

Voglio ringraziare tutta la mia «grande grande famiglia» che in questi mesi mi ha sostenuta, stimolata e incoraggiata ad andare avanti. Il mio compagno di vita, Salvo, e mio figlio, Giuseppe, che sono il mio spirito critico. Ringrazio il mio secondo padre, mio fratello Nino. Mia sorella Carmela e la mia amica Silvana che mi hanno «assistita» all'inizio di questo percorso, e loro sanno come.

Un ringraziamento lo devo alla mia azienda, la Rai, e alla mia testata, Tgr, che mi hanno permesso in tutti questi anni di raccontare, da entrambe le sponde del Mediterraneo, le storie di chi è costretto a fuggire da guerre, dittature e miseria. E mi hanno consentito di conoscere persone speciali come Pietro Bartolo.

Ringrazio Ezio Bosso. La sua musica è la colonna sonora di queste pagine.

Questo libro vuole essere semplicemente una testimonianza. Messa nera su bianco senza filtri o edulcorazioni. Non è stato semplice.

Lidia Tilotta

«Lacrime di sale»
di Pietro Bartolo e Lidia Tilotta
Oscar
Mondadori Libri

Questo volume è stato stampato
presso ELCOGRAF S.p.A.
Stabilimento - Cles (TN)
Stampato in Italia. Printed in Italy

SIAE | DALLA PARTE DI CHI CREA
Aut. J - 90 - 2018